التطوير التنظيمي

التطوير التنظيمي

التنظيم الإداري و سبل تطويره
التخلف التنظيمي و آليات تجاوزه
إستراتيجيات و وسائل التطوير التنظيمي
تطبيقات التطوير التنظيمي في المصارف

تأليف و إعداد:
رسلان علاء الدين

التطوير التنظيمي :آلياته،إستراتيجياته،وسائله،تطبيقاته.

تأليف و إعداد: رسلان علاء الدين

عدد النسخ : 1000 نسخة

سنة الطباعة : 2012

الترميز الدولي: (ISBN 978-9933-439-90-3)

جميع العمليات الفنية والطباعية :

دار مؤسسة رسلان للطباعة والنشر والتوزيع

يطلب الكتاب على العنوان التالي:

دار مؤسسة رسلان

للطباعة والنشر والتوزيع

سوريا ــ دمشق ــ جرمانا

هاتف:0096311 5627060

هاتف: 0096311 5637060

فاكس: 096311 5632860

ص. ب : 259 جرمانا

WWW.DARRISLAN.COM

الإهداء

أهدي ثمرة جهودي المتواضعة هذه

إلى من كانت لي سندا و عونا

زوجتي الغالية عبير

كما و أهدي هذا الجهد إلى كل من ساهم

في تحصيلي العلمي

و أخص بالشكر والديّ

و أساتذتي في جامعة دمشق.

مقدمة الكتاب

إن التطوير التنظيمي هو أحد الاتجاهات المعاصرة في تحفيز و إعادة ترتيب المكونات الداخلية للمنظمة باتجاه تحقيق أكبر نسبة من الأهداف التي وجدت من أجلها،ولا يمكن الحديث عن تطوير أي منظمة إلا بعد دراسة معمقة لعوامل البيئة الداخلية و الخارجية لهذه المنظمة لمعرفة نقاط الضعف و القوة و التي تتصف بها و الانطلاق منه لوضع خطط تطوير و تحديث المنظمة...

سيتركز البحث في هذا الكتاب حول موضوع التطوير التنظيمي من حيث نشأته و مفهومه و تطبيقاته..

في البداية سيقدم الكتاب مدخلا عن تطور نظريات التنظيم سواء الكلاسيكية منها أو الإنسانية(السلوكية) أو النظريات الحديثة،حيث سيتم وبشكل مكثف تحديد أهم الشخصيات التي أرست لهذه النظريات و تحديد أسسها و الانتقادات الموجهة لها،و قد جاءت أهمية هذا المدخل لتوضيح تراكم التجارب الإدارية و التي تتكامل فيما بينها حيث تشير الوقائع إلى ضرورة الاستفادة من إنجازات نظريات التنظيم الإداري كافة،كما و تبرز أهمية تسليط الضوء على نظريات التنظيم الحديثة و خاصة أن العديد منها قد أصبح يعد حقلا هاما في العلوم الإدارية كالإدارة الإستراتيجية أو الأساليب الكمية أو الإدارة اليابانية و غيرها..

اختص الفصل الأول من الكتاب في توضيح مفهوم وظيفة التنظيم في المنظمة و مفهوم التطوير التنظيمي،و تحديد حالات التخلف التنظيمي و التي قد تعاني منها المنظمات و البحث في أسبابها و تحديد الآليات الممكن استخدامها لمعالجة أسباب و مظاهر التخلف التنظيمي.

و في هذا الإطار تم التطرق لعدد من المفاهيم الإدارية الحديثة كبحوث العمل و توسيع العمل و إغناء العمل و تدوير العمل و الإدارة بالأهداف و تدريب الحساسية و تحسين بيئة العمل و غيرها و تبيان كيفية استخدام هذه الأدوات في حقل التطوير التنظيمي.كما و تم اقتراح عدد من الإستراتيجيات الممكن تطبيقها في حقل التطوير التنظيمي و تم التركيز على مفهوم بناء مصفوفة الأداء المتوازن و مفهوم إعادة الهندسة الإدارية.

في الفصل الثاني سيتم التركيز على تحديد الأهداف التي تسعى جهود التطور التنظيمي لبلوغها ، وأهمية تأكيد أن تسعى هذه الجهود لتحقيق أهداف المنظمه وأهداف العاملين فيها بشكل متوازٍ.

وفي إطار الحديث عن الأهداف التي تسعى جهود التطوير التنظيمي لبلوغها فمن المهم تحديد المبادئ التي يجب أن تلتزم بها والتي تساعد على نجاحها ومن أهم هذه المبادئ مراعاة تخطيط التطوير التنظيمي للأخلاق والقيم السائدة في المجتمع والثقافة الوطنية بشكل عام والعمل على الاستفادة منها بدلا من الصدام معها.

وعلى الصعيد الداخلي للمنظمة فيجب أن تضمن خطط التطوير التنظيمي مراعاة الثقافة التنظيمية السائدة والعمل على التطوير التدريجي لهذه الثقافة، وهنا يجب التأكيد على ضرورة تطبيق مبادئ التغيير .

كما ويجب التأكيد على المستلزمات الإدارية للتطوير التنظيمي والتي من أهمها : رؤية النظام بأكمله، المنظمه المعتمدة على التعلم، القائد

كجـزء مـن النظـام، الموازنـة بـين إدارة الأداء وإدارة التغيـير، الإدارة الموجهة بالنتائج، القيادة المتمحورة حول العمل.

في المبحث الثاني من هذا الفصل سيتم التركيز على الهيكل التنظيمي و اتجاهات تطويره، حيث سيتم تحديد أسس بناء الهيكل التنظيمي و اتجاهات تصميمه ومراحل بناءه وخصائصه العامه والبنيوية و التأكيد على حتمية تطوير الهيكل التنظيمي كجزء أساسي مـن جهود التطوير التنظيمي في أي منظمة.

في المبحث الثالث سيتم دراسة آليات التطوير التنظيمي بـشكل مفصل مع تحديد الآليات الممكن اتباعها لتطوير مهارات الأفراد العاملين وقيمهم و آليات تطوير النظم والإجراءات وآليات تطوير الهيكـل التنظيمـي وآليـات تطـوير طرائـق العمـل والتكنولوجيـا المستخدمة.

في الفصل الثالث وهو بعنوان التطوير التنظيمي ورفع مـستوى الأداء المصرفي سيتم توضيح مفهوم المؤسسات تلمصرفية التجاريـة وتحديد خصوصية وظيفة التنظيم فيها ، في المبحث الثاني مـن هـذا الفصل سيتم دراسة أدوات قياس مستوى الأداء المصرفي و سيتم التركيـز على بعض هذه الأدوات كمصفوفة الأداء المتوازن والميزانيـات التقديريـة والتقاريـر و معـدل إنتظـار العمـلاء و النـسب و المـؤشرات الكميـة وغيرها من الأدوات.

يعالج المبحث الثالث كيفيـة تطبيـق مفهوم التطوير التنظيمـي في المـصارف التجاريـة مـن خـلال إنشاء وحـدات التطوير التنظيمـي وتحديد موقعها في الهيكل التنظيمي للمصرف.

في القسم العملي من البحث جاءت الدراسة التطبيقية بعنوان (دور التطوير التنظيمي في تحسين النشاط المصرفي بالتطبيق على حالة المصرف التجاري السوري).

وفي ختام البحث التطبيقي تم تحديد النتائج التي توصل إليها البحث و تم تقديم بعض المقترحات والتوصيات .

مخطط البحث

Research plan

القسم الأول: الجانب النظري

مدخل: تطور نظريات التنظيم في الفكر الإداري.

الفصل الأول: التنظيم والتطوير التنظيمي.

1. المبحث الأول: مفهوم التنظيم والتطوير التنظيمي.
2. المبحث الثاني: التخلف التنظيمي، أسبابه، مظاهره، كيفية معالجته.
3. المبحث الثالث: وسائل التطوير التنظيمي، وإستراتيجياته.

الفصل الثاني: التطوير التنظيمي أهدافه ومتطلبات تحقيقه وآلياته.

- المبحث الأول: أهداف ومقومات التطوير التنظيمي ومستلزمات تطبيقه.
- المبحث الثاني: الهيكل التنظيمي و حتمية تطويره.
- المبحث الثالث: آليات التطوير التنظيمي.

الفصل الثالث: التطوير التنظيمي ورفع مستوى الأداء المصرفي.

- المبحث الأول: التطوير التنظيمي في المؤسسات المصرفية.
- المبحث الثاني: البعد النظري لقياس مستويات الأداء المصرفي.

11

-المبحث الثالث: تقويم التطوير التنظيمي وآثاره على مستوى الأداء المصرفي.

القسم الثاني: الجانب العملي

*تحديد الإطار العام لمنهج البحث.

*المرحلة الميدانية وتضم:

1. اختبار الصدق والثبات لأداة جمع البيانات .

2. جمع البيانات من الميدان.

3. مراجعة البيانات.

* مرحلة تصنيف وعرض البيانات.

* مرحلة نتائج البحث: وفيها تم تحديد قبول أو رفض فرضيات البحث من خلال الدراسة التحليلية للمعطيات.

* مقترحات وتوصيات.

* ملخص البحث باللغة الإنكليزية.

القسم الأول

الجانب النظري

مدخل:

تطور نظريات التنظيم في الفكر الإداري

أولاً - النظريات الكلاسيكية في التنظيم.

ثانياً - النظرية السلوكية في التنظيم.

ثالثاً - نظريات التنظيم الحديثة.

15

تطور نظريات التنظيم في الفكر الإداري

إن مفهوم التنظيم هو حديث نسبياً رغم أن الحضارات الإنسانية المتتالية قد مارسته وحققت من خلاله الإمبراطوريات الغابرة نجاحات اقتصادية وعسكرية كبيرة، إلا أن تحديد هذا المفهوم والتعمق في دراسته يعود إلى حقبة حديثة نسبياً.

إن من يستعرض نظريات التنظيم يجد تيارات واتجاهات فكرية إدارية متباينة في تفسير مفهوم التنظيم وتوضيح أبعاده، حيث أن كل نظرية تمثل وجهة نظر معينة، وتركز على جانب محدد وتقوم بشرحه وتفسيره.

جرى تصنيف نظريات التنظيم في عدة مجموعات رئيسة واحتوت المجموعة الواحدة على عدة نظريات فرعية تشابهت في الاتجاه الفكري وفي تفسير ظاهرة التنظيم والسلوك التنظيمي داخل المنظمة.

أولاً ـ النظريات الكلاسيكية في التنظيم:

إن الاتجاه الكلاسيكي في التنظيم مثله مجموعة من الروّاد ومنهم:

1. (ماكس فيبر) والذي قدّم النظرية البيروقراطية.
2. (فريدرك تايلور) والذي قدّم نظرية الإدارة العلمية.
3. (هنري فايول) صاحب نظرية العملية الإدارية أو المبادئ الإدارية. ويمكن أن نحدد أبرز إسهامات النظريات الكلاسيكية بما يلي:

*** النظرية البيروقراطية:**

إن أبرز إسهامات (النظرية البيروقراطية) في الحقل التنظيمي هو تقديمها فكرة (هيكل السلطة) والتي تبين أن المنظمات تتضمن دائماً

علاقات للسلطة تمنح بعض الأفراد حق إصدار الأوامر إلى الآخرين ويأخذ هيكل السلطة بحسب هذه النظرية شكلاً هرمياً وتخضع المستويات الأدنى للمستويات الأعلى، وتسود النظرة اللاشخصية في العمل. ويتم اختيار أعضاء التنظيم على أساس الكفاءة وتوزع الأعمال بينهم على أساس التخصص الوظيفي وذلك بشكل رسمي.

* نظرية الإدارة العلمية:

هذه النظرية ركزت على دراسة طرائق أداء العمل بغية الوصول إلى الطريقة المثلى في تحسين مستوى الأداء وركزت على التخصص وتقسيم العمل واهتمت بالتحفيز المادي واعتبرته الأساس لزيادة الإنتاجية، واعتبرت أن الإدارة تتخصص بالتخطيط والتنظيم والرقابة والتوجيه بينما يقوم العمال بتنفيذ المهام فقط.

* نظرية (مبادئ الإدارة) أو العملية الإدارية:

هذه النظرية سعت للوصول إلى مجموعة مبادئ إدارية عالمية يمكن تطبيقها في جميع الأوقات والأماكن ومن المبادئ الأساسية التي قدمتها هذه النظرية (تقسيم العمل حسب التخصص مما يؤدي لزيادة الإنتاجية، التوازن بين السلطة والمسؤولية، الطاعة والاحترام للنظم واللوائح، وحدة الأمر، وحدة التوجيه، إخضاع الأهداف الشخصية للمصلحة العامة، تعويض العاملين بشكل عادل لتحفيزهم، المركزية، التدرج الهرمي، النظام أي تحديد مكان معين لكل موظف، المساواة والعدالة، استقرار العمل وثبات العاملين، المبادرة، روح الفريق) كما حددت الوظائف الإدارية بالتخطيط، التنظيم، إصدار الأوامر، التنسيق، الرقابة.

وبحسب فريق من الباحثين فأن النظريات الكلاسيكية في التنظيم قامت على عدد من المبادئ وهي:

ـ يبنى التنظيم ويُعد هيكله التنظيمي في ضوء احتياجات العمل فيه لا في ضوء احتياجات العنصر البشري، حيث أن النظرة للعمل كانت مادية بحتة.

ـ تقسيم العمل والتخصص على مستوى الأنشطة وعلى مستوى الأفراد.

ـ أهمية التنسيق في إنجاح العمل الإداري.

ـ وحدة الهدف الذي يسعى الجميع لتحقيقه.

ـ تدرج السلطة داخل الهيكل التنظيمي من الأعلى للأسفل.

ـ مركزية السلطة واتخاذ القرار.

ـ وحدة الأمر والتوجيه (أي أن لكل عامل رئيس واحد ولا يجوز أن يتلقى المرؤوس الأوامر من أكثر من رئيس واحد).

ـ التمييز بين السلطة التنفيذية والسلطة الاستشارية.

ـ التوازن في توزيع الأعمال بين الوحدات والأفراد.

(عقيلي/المومني/ص1993/213م)

كما يمكن أن يضاف إلى هذه المبادئ بحسب أحد الباحثين:

— مبدأ نطاق الإشراف ويقصد به عدد الأفراد الذين يستطيع المدير الإشراف عليهم بكفاءة.

— مبدأ تفويض السلطة وهو أن يتنازل الرئيس عن جزء من صلاحياته إلى المرؤوسين.

(Gary Dessler, Organization Theory, P29, 1988)

تعرضت النظريات الكلاسيكية في التنظيم إلى العديد من الانتقادات:

فالنظرية البيروقراطية رغم فوائدها الإيجابية فقد عاملت الفرد كآلة ولم تسهم في تنمية وتطوير الفرد كما أنها بتركيزها فقط على التنظيم الرسمي أهملت التنظيم غير الرسمي. كما أنه هناك تعارض بين الترقية على أساس الأقدمية الوظيفية وبين فكرة الكفاءة كأساس للترقية، إضافة إلى أنها ركزت على الرقابة بدلاً من التحفيز ولم تقدم وسائل لحل الخلافات بين المستويات الإدارية المختلفة.

أما نظرية الإدارة العلمية فقد حصرت اهتمامها بعنصر واحد هو العمل مركزة على الإنتاج دون إعطاء أهمية للأعمال الإدارية وأهملت جوانب كثيرة في التركيب الداخلي للتنظيم. كما أهملت مدخلات هامة في التنظيم كالقيم التي يؤمن بها العمال وعاداتهم ولم تعطِ اهتماماً كافياً للتفاعل المتبادل بين المنظمة والبيئة المحيطة.

كذلك الأمر بالنسبة إلى نظرية العملية الإدارية حيث استمرت بالنظرة المادية للعمل. وأهملت الجوانب الإنسانية ودورها في السلوك التنظيمي.

19

وقد لخص فريق من الباحثين أهم الانتقادات الموجهة للنظرية الكلاسيكية بما يلي:

ـ إغفال الجانب الإنساني والمعنوي داخل المنظمة والنظر للإنسان على أنه آلة.

ـ تؤمن النظريات الكلاسيكية بمركزية السلطة والسيطرة مما يساهم في بث روح التسلط والاستبداد كوسيلة لإحكام السيطرة على المرؤوسين.

ـ عدم الاعتراف بالتنظيم غير الرسمي.

ـ صفة الرشد في أعضاء التنظيم وفق ما وضحته النظرية الكلاسيكية صفة مثالية لا تتسم بالواقعية.

ـ لم تعترف بإمكانية وجود صراعات بين الأفراد داخل التنظيم بحجة أن العمل منظم وفق قواعد دقيقة إلا أن هذا الاعتقاد غير سليم. وذلك لاختلاف المصالح والأهداف بين العاملين.

ـ نظرت النظريات الكلاسيكية إلى التنظيم على أنه نظام مغلق وبذلك أغفلت تأثير البيئة،حيث أن المنظمة هي نظام متفاعل مع البيئة المحيطة به.

ـ لم تعطِ الأهمية الكافية لعملية اتخاذ القرار وتحديد العوامل المؤثرة فيه وانعكاساته.

ـ إن مبدأ تقسيم العمل والتخصص هو ليس مبدأ مطلق حيث أن زيادة التقسيم والتخصص عن الحد المعقول يؤدي إلى إحداث الملل والسأم في نفوس العاملين وبالتالي يؤدي إلى انخفاض مستوى الإنتاج.

(عقيلي، المومني ص1993/214م)

وعند تقييمنا للنظريات الكلاسيكية للتنظيم نلاحظ أن مفاهيمها قد ناسبت المجتمع الذي نشأت فيه إلا أنها وبوضوح أصبحت غير قابلة للتطبيق في مجتمعنا الحالي إلا إذا عُدّلت واستخدمت بمرونة بما يتناسب مع روح العصر.

إن النظريات الكلاسيكية في التنظيم قد ركزت على الجانب الرسمي والمادي في المنظمة واعتبرتهما الأساس الذي تقوم عليه العملية التنظيمية.

ثانياً ـ النظرية السلوكية في التنظيم:

ظهر في مقابل وجهة النظر الكلاسيكية اتجاه جديد دُعي بالنظرية السلوكية والتي ركزت على الفرد ودوافعه وعلاقته مع الآخرين ومجموعات العمل غير الرسمية وأثرها في السلوك التنظيمي وكانت بمثابة دعوة لتصحيح بعض الأفكار الخاطئة في النظرية الكلاسيكية والتركيز على بعض الجوانب التي أغفلتها وعلى رأسها العنصر البشري.

تَمثل هذا الاتجاه بالعديد من النظريات والأبحاث لعلَّ أهمها نظرية العلاقات الإنسانية والتي قدّمها (التون مايو) ونظرية التنظيم الاجتماعي لـ (وايت باك) ونظرية التناقض بين الفرد والتنظيم الرسمي لـ (كرس ارجيرس) وقد قدّم الباحثان السابقان نظرية مشتركة دُعيت بنظرية الاندماج أو الانصهار. بالإضافة إلى أبحاث رنسيس ليكرت، ماكجر يجور، هربرت سايمون، وشستر بارنارد وآخرين.

قامت النظرية السلوكية على مفهوم أن التنظيم هو أنماط واتجاهات سلوكية واجتماعية أكثر من كونه مجرد هيكل أو بناء جامد.

واعتبرت أن القيادة الإدارية تبنى على أساس السلوك العقلي اتجاه العلاقات الإنسانية وبالتالي اهتمت النظرية السلوكية بالإضافة للعلاقات الرسمية المحددة في ضوء الهيكل التنظيمي بأنماط السلوك البشري السائد داخل التنظيم والآثار النفسية والاجتماعية للعملية الإدارية.

كما وأنها بحسب أحد الباحثين قد تخلت عن النظرة الكلاسيكية للمنظمة على أنها نظام مغلق حيث اعتبر أصحاب النظرية السلوكية للمنظمة على أنها نظام مفتوح أي أنها في علاقة متصلة ومتفاعلة مع البيئة الكلية.

(عساف/ص66/1993م)

ومن الافتراضات التي قدمتها النظرية السلوكية حسب رأي أحد الباحثين ما يلي:

افترضت النظرية السلوكية إمكان اختلاف سلوك الأفراد عن السلوك المتوقع، وافترضت احتمال تباين أهداف العاملين وأهداف المنظمة ودعت الإدارة إلى أن تبذل الجهد لإزالة هذا التناقض والسعي لإحداث تكامل بين التنظيم الرسمي وغير الرسمي واستفادت النظرية السلوكية من تطبيق طرق البحث التجريبي لعلم النفس وعلم الاجتماع لتكوين فهم أعمق للتنظيم غير الرسمي والعلاقات الاجتماعية ودوافع الأفراد وسلوكياتهم وشخصياتهم.

(النجار/ص19/1995م)

وقد لخص أحد الباحثين الأسس التي قامت عليها النظريات السلوكية والإنسانية والاجتماعية:
ــــ إن التنظيم الرسمي لوحده لا يوفر الجو الملائم للتنظيم السليم.

ـ الإنسان والسلوك الإنساني من المتغيرات الرئيسية المحددة للسلوك التنظيمي.

ـ التركيز على الجوانب النفسية والاجتماعية للفرد وليس على تكوينه الفيزيولوجي والذي ركزت عليه نظرية الإدارة العلمية.

ـ البيئة متغير رئيسي في تحديد السلوك التنظيمي.

ـ العنصر الإنساني هو مصدر التغيير في السلوك التنظيمي.

ـ الاهتمام بأثر التنظيم غير الرسمي في السلوك التنظيمي.

(حربي، علم المنظمة، 1989،ص156)

ومن الانتقادات الموجهة لهذه النظرية تركيزها الشديد على العنصر البشري مما أدى لإغفالها للجوانب الرسمية والمادية في التنظيم.

وبرأي فريق من الباحثين فقد وضعت هذه النظرية بعض الفرضيات غير الواقعية عن العنصر البشري ككون الأفراد داخل التنظيم متحدين ويعملون تجاه أهداف محددة وواضحة وهذا الطرح صحيح فقط في بعض الأوقات عندما تظهر مشكلة أو محنة تمس جميع العاملين، ومهما كانت درجة المصلحة مرتفعة بين العاملين فلا بدّ أن يكون هناك خلاف وتناقض بين أهداف الأفراد أو اختلاف حول القيم والمبادئ السائدة وتركيز هذه النظرية على الحوافز المعنوية أدّى لتجاهل أثر الحوافز المادية.

(عقيلي/المومني ص221 ص1993/226م)

وبشكل عام غالت هذه النظريات في تقدير أهمية العوامل النفسية والعاطفية والحسية والمعنوية.

إن المبالغة في الاعتبارات المعنوية وإهمال الجوانب المادية يؤدي إلى عدم تمكن التنظيم من تحقيق أهدافه بسبب نشوء نوع من التراخي وعدم الانضباط وبالتالي الإهمال وثم ضعف الإنتاجية الكلية.

ثالثاً ــ نظريات التنظيم الحديثة:

مع تطور الفكر الإداري ظهرت نظريات جديدة للتنظيم، أطلق عليها بعض الباحثين اسم نظريات التنظيم الحديثة.

ونذكر من أهمها: ــ نظرية النظام (النظم)

ــ نظرية الإدارة الموقفية

ــ النظرية اليابانية

ــ نظرية Z

ــ النظرية الكمية

ــ نظرية الإدارة الإستراتيجية

وسنحاول إيجاز أهم السمات العامة لهذه النظريات.

1ــ نظرية النظام (النظم)

تنظر هذه النظرية إلى المنظمة على أنها نظام مركب يتكون من أجزاء متعددة مترابطة متفاعلة يعتمد بعضها على بعض وتسعى جميعها إلى تحقيق هدف النظام الذي تعمل ضمنه. وهذا النظام يعمل ضمن نظام أكبر وأوسع شمولاً وهو المجتمع يتفاعل معه:

وتحتوي المنظمة مجموعة من الأنظمة الفرعية (إنتاج ــ تسويق ــ تمويل...إلخ) وكل نظام مكون من أنظمة فرعية أخرى والمنظمة هي جزء من نظام أكبر كأن نقول هي جزء من قطاع اقتصادي معين.

وتقوم هذه النظرية برأي أحد الباحثين على مجموعة من الأسس:

ـ تؤكد أن المنظمة هي نظام مفتوح وليس مغلقاً وتتفاعل مع محيطها. فهي تأخذ مدخلاتها من البيئة وتعطيها مخرجاتها.

ـ يتشكل النظام الكلي من مجموعة من الأنظمة الجزئية والتي تعمل جميعها في سبيل تحقيق الهدف الكلي للنظام.

ـ مدخلات النظام هي (رأس المال، مواد أولية، آلات، عناصر بشرية، أفكار......إلخ).

ـ التحويل: وهو مجموعة العمليات والأنشطة التي بموجبها تحول المدخلات إلى منتجات وخدمات. وعملية التحويل هي التي تخلق القيمة المضافة.

ـ المخرجات أو النتائج وهي سلع أو خدمات نحصل عليها من خلال عملية التحويل.

(أبو نبعة، ص89، 2001)

ومن المشكلات التي تعاني منها هذه النظرية مشكلة تحديد حدود النظام حيث يمكننا تعيين حدود مختلفة للنظام الواحد وفق المنطق الذي نستخدمه.

وإذا كانت جميع المنظمات هي أنظمة مفتوحة تتفاعل مع بيئتها فإن درجة انفتاحها على البيئة تختلف بشكل كبير.

وتُعوِّل هذه النظرية أهمية كبيرة على التغذية العكسية فالمنظمة يجب أن تجمع المعلومات عن تأثير مخرجاتها في البيئة ثم تصبها في النظام على شكل مدخلات لتساعد في عملية التحويل بما يضمن التكيف مع البيئة المحيطة.

25

ولعل أهم فوائد نظرية النظام هي أنها تجعل المدراء ينظرون إلى التنظيم باعتباره كلاً متكاملاً مكوناً من أجزاء تتفاعل مع بعضها لتحقيق أهداف التنظيم.

2ـ نظرية الإدارة الموقفية

تقوم هذه النظرية على اعتبار أنه لا توجد نظرية مثلى أو أسلوب إداري أمثل أو نمط قيادي أفضل من غيره يمكن استخدامه في جميع المواقف والظروف والأوقات.

والذي يحدد استخدام أسلوب معين أو نظرية معينة هو طبيعة الموقف الذي يقوم على أساس عدم الثبات في المجالات التالية:

(الشخصية الإنسانية، السلوك الإنساني، سلوك الجماعة، العوامل البيئية، تفاعل الأنظمة الفرعية ضمن النظام الكلي).

وعليه فإن فاعلية الطرق والأساليب الإدارية تتوقف على الظروف. والمدير الناجح هو من يقتنع أن الممارسة الإدارية يجب أن تتماشى مع البيئة الداخلية والخارجية.

ويرى فريق من الباحثين وجود علاقة قوية بين نظرية الإدارة الموقفية ونظرية النظم حيث تعتمد نظرية الإدارة الموقفية على مفهوم نظرية النظام وتعتبرها نقطة ارتكاز وتعتمد على فكرة السبب والنتيجة في الممارسة الإدارية وعليه فيجب على الإداري الناجح أن يقف موقف المحلل لكل موقف على حدة ليعرف ظروفه المحيطة ويختار أسلوب الممارسة والتعامل المناسب معه.

(عقيلي/المومني ص1993/269)

3ـ نظرية الإدارة اليابانية

إن نظرية الإدارة اليابانية هي نظرية إدارية متميزة أدت إلى تطور كبير للاقتصاد الياباني وقامت على مجموعة من الأسس إلا أن ظروف تطبيق هذه النظرية قد لا تتوفر في أغلب البلدان حيث أن للمجتمع الياباني طابع خاص وتطبيق هذه النظرية في مجتمعات أخرى بحاجة إلى تعديل ليتواءم مع ظروف المجتمع الجديد.

وبحسب فريق من الباحثين يمكن أن نحدد أهم الخصائص الإدارية للمنظمة كما تقدمها النظرية اليابانية:

ـ تطبق المنظمة اليابانية أسلوب العمل الجماعي التعاوني القائم على أساس الثقة والتآلف السائدان في أوساط العاملين.

ـ يتم التركيز على جماعات العمل ولكل جماعة مهمة معينة تسعى لإنجازها.

ـ تتم عملية اتخاذ القرارات على أساس المشاركة الجماعية وفق طريقة تدوير وثيقة أو موضوع القرار من مدير لآخر ليبدي رأيه فيه بشكل رسمي وفي النهاية يتم الاتفاق على صيغة القرار من قبل جميع المديرين ذوي العلاقة.

ـ المسؤولية جماعية وهي نتيجة طبيعية للأسلوب الجماعي في اتخاذ القرار.

ـ إعطاء أهمية كبيرة لدور المشرف المباشر باعتباره على احتكاك مباشر مع المرؤوسين ويمكن له من خلال معرفته لشخصياتهم أن يبث روح التعاون والمحبة والثقة في صفوفهم.

ـ لا تسمح للجانب التقني والأدوات الكمية أن تحل مكان الفكر والذكاء الإنساني بل هي تشجع المحاكمة العقلية للأمور وتبقى الأدوات الكمية أداة مساعدة.

(عقيلي/المومني ص271/1993م)

وإن تطبيق نظرية الإدارة اليابانية أعطى سمات خاصة للحياة الوظيفية للعاملين في اليابان أهمها (الوظيفة مدى الحياة، التقاعد المبكر، التقييم والترقية البطيئين، مسارات حياة وظيفية غير متخصصة).

4 ـ نظرية Z

وهي نظرية وضعها عالم الإدارة الياباني أوتشي لتطبيق طريقة الإدارة اليابانية في خارج اليابان.

واحتفظت نظرية Z بالعديد من سمات نظرية الإدارة اليابانية وبحسب أحد الباحثين فأن أهم هذه السمات:

نهج التوظيف الدائم للعاملين، بطء عملية التقييم والترقية، تنقل العامل في العديد من الوظائف والأعمال ضمن نفس المستوى الإداري أو الفني، اعتماد مبدأ الرقابة الذاتية والرقابة الجماعية، اتخاذ القرارات بالمشاركة مع بقاء المسؤولية النهائية فردية.

(أبو نبعة/ص9/2001م)

وقد حدد وليم اوتشي واضع نظرية Z ثلاثة أعمدة لنظريته:

- الثقة

- الحذق (المهارة)

- المودة (الألفة)

الثقة: لأن الثقة والإنتاجية تسيران يداً بيد وهناك العديد من الأمثلة

28

من الشركات اليابانية والأمريكية والمطبقة لنظرية Z والتي حققت نجاحاً كبيراً بسبب الثقة المتبادلة بين الإدارة والعاملين.

المهارة: وهي السمة الضرورية للمشرفين حيث أن المشرف الذي يعرف عماله جيداً يستطيع أن يستكشف شخصيات العمال ويكون فريق عمل متجانس يعمل بأقصى إنتاجية ممكنة وحيث أن الإدارة البيروقراطية والتي قد لا تدرك هذه الفوارق سوف تسيء إلى الإنتاجية.

المودة: إن الاهتمام والدعم والعطف والتأييد الذي يتم من خلال تكوين علاقات اجتماعية وثيقة يجعل الحياة سهلة ومريحة والعمل بإنتاجية أفضل.

(W. Ouchi, Theory Z, 1981, P 54-56)

وتعتمد هذه النظرية مجموعة من الخطوات وذلك للتحول وبشكل مرحلي بالمنظمة إلى مرحلة تطبيق نظرية Z . وأهم هذه الخطوات:

ــ تفهم المديرين في المنظمة لنظرية الإدارة اليابانية.

ــ إطلاع العاملين على أهداف وسياسة المنظمة ليأخذوا فكرة عن فلسفة المنظمة وقيمها.

ــ شرح وتوضيح مضمون الفلسفة الجديدة للعاملين وتحديد القيم الواجب تبنّيها.

ــ مقارنة الفلسفة الجديدة مع الفلسفة القديمة لكشف سلبيات القيم والمعتقدات والممارسات القديمة وتوضيح مزايا وفوائد الفلسفة الجديدة.

ــ إعادة تنظيم وتصميم العمل بما يتضمن الهيكل التنظيمي وإجراءات العمل بما يتماشى مع الفلسفة الجديدة.

ــ إطلاع الاتحادات والنقابات المعنية على عملية التحول.

ــ تـوفير نظـام خدمـة وظيفيـة مناسب بمـا يضمـن الاسـتقرار الوظيفي ونظام ترقية يعتمد على المدى الطويل والمشاركة في الأربـاح مع التركيز على الحوافز المادية.

ـ تشجيع مجالات مشاركة العاملين.

ـ قيام تكامل وتآلف اجتماعي بيـن الرؤسـاء والمرؤوسـين وإيجـاد الثقة بينهم.

(عقيلي/المومني ص278/1993م)

5 ـ النظرية الكمية

تـرى هـذه النظريـة المنظمـة علـى أنهـا مجموعـة مـن القرارات والعمليات أكثر من كونها هياكـل تنظيميـة أو مبـادئ إداريـة ثابتـة، وتسعى لوضع أنماط رياضية محددة تسـاعد في اتخاذ القرارات ممـا يؤدي إلى تقليل الوقت اللازم لإصدار القرارات والحصول علـى نتائج أكثر عقلانيـة، حيـث أن الإداري لديـه قدرات محدودة ومع اتسـاع المنظمات وسرعة التغيير في ظروف العمل يكون هامش الوقت المتاح له لاتخاذ القرارات غير كاف مما يستلزم إيجاد مجموعة من النمـاذج والعمليات الرياضية كوسيلة لترشيد القرارات.

ويلخص أحد الباحثين السمات العامة لهذه النظرية:

ـ تطبيق التحليل العلمي على مشاكل الإدارة.

ـ إعطاء أهمية كبيرة لمعيار الفاعلية الاقتصادية.

ـ اعتماد النماذج الرياضية للتوصل إلى القرار السليم.

ــ اسـتخدام الحاسـوب لأن قدرتـه علـى تخـزين المعلومـات والمفاضلة بين البدائل المختلفة تفوق القدرات البشرية الاعتيادية.

ـ استخدام منهج النظم حيث تتكون المنظمة من عدة نظم فرعية وكفاءة النظام تعتمد على كفاءة النظم الفرعية بالإضافة إلى التأثير المتبادل بين المنظمة والبيئة.

ـ وجود فريق عمل في مختلف فروع المعرفة للتعاون في حل مشاكل المنظمة مسخرين كافة فروع المعرفة.

(Cook, Tussell, 1997, P250)

إن استخدام الأساليب الكمية في اتخاذ القرارات لا يمكن تطبيقه بالنسبة إلى تلك المشاكل التي يصعب التعبير عنها وعن عناصرها كمياً، أما عندما تتوفر في المشكلة بيانات يمكن التعبير عنها رقمياً يتم تطبيق الأساليب الكمية **ويمر استخدامها بحسب فريق من الباحثين بعدد من المراحل:**

1. تحديد المشكلة: أي تعريف المشكلة وحدودها وحجمها لتكون موضوعاً للبحث والتحليل ومن الظواهر التي تدلنا على وجود المشكلة:

شعور الإدارة بوجود مشكلة، وجود بدائل مختلفة يمكن ترجيح بعضها على بعض، بدائل لكل منها مزايا معينة ولكن لا تتوفر فرصة كاملة في أي بديل.

2. بناء النموذج: أي عملية تمثيل لمكونات المشكلة، والعوامل المؤثرة والظروف المحيطة وأسلوب الربط بينها، والنموذج عادة أقل تعقيداً من الواقع إلا أنه يجب أن يكون كاملاً بما فيه الكفاية.

3. إيجاد الحل الأمثل: وهناك أسلوبان رئيسيان لاشتقاق الحل الأمثل:

أـ أسلوب تحليلي: يعتمد على الاستنتاج الرياضي ويتطلب بعض الطرق كالتفاضل والمصفوفات.

ب ــ أسلوب رقمي: تجربة قيم رقمية مختلفة ليعوض بهـا عـن المتغيرات أملاً للوصول إلى القيم المثلى.

4. التحقق من صحة النموذج أو الحل الأمثل: وذلك مـن خـلال قدرة النموذج على التنبؤ بآثار المتغيرات، كلما كانـت قـدرة النموذج على التنبؤ كان ذلك دليلاً علـى كفاءتـه أمـا اختبـار الحـل فيـتم عـن طريق المقارنة بين النتائج المترتبة علـى تطبيقـه والنتائج التي كانـت ستحقق بدونه.

5. تجربة الحل: لا يكفي اختيار الحل وترجيحه علـى غيره بـل لا بد من تجربته والاطمئنان على ثبات صحته ويتم ذلك حينـما تـستمر القيم للمتغيرات غير المسيطر عليها على ما هي عليه وتستمر العلاقة بين المتغيرات ثابتة.

6. تنفيذ الحل ومتابعته للتأكد من صلاحيته.

(زويلف/العضايلة،
ص123/1996م)

ومن النماذج المستخدمة في الأساليب الكمية:

أـ النماذج المحددة: وتستخدم في حالة إمكانيـة الحـصول علـى بيانات كمية دقيقة ومحددة وموثوق بها ومن أهمها: نقطة التعادل، البرمجة الخطية، شبكة الأعمال أو المسار الحرج.

ب ــ النماذج الاحتمالية: تحتوي على عوامل الصدفة أو عوامـل عشوائية احتمالية عند تحديد حجم كل عنصر أو عامـل مـن عوامـل المشكلة ومن هذه النماذج سلسلة ماركوف، نظرية صفوف الانتظـار، المحاكاة، شجرة القرارات.

(زويلف/قطامين ،
ص210/1995م)

إن أهمية النظرية الكمية في العلوم الإدارية تكمن في تقديمهـا جملـة

واسعة من الادوات لمتخذ القرار وبكونها تتكامل مع النظريات الإدارية الحديثة الأخرى وبخاصة نظرية الإدارة الاستراتيجية.

6 ـ نظرية الإدارة الإستراتيجية

تتجه الدول المتقدمة بشكل واضح إلى تطبيق مفهوم الإدارة بالنتائج وتركز على أهمية مساءلة المسؤول عن هذه النتائج، حيث أن المفاهيم الإدارية الحديثة تركز على أهمية التناول الشامل والتكاملي للتصدي للتحديات التي تفرضها ظروف العولمة والمتطلبات التنموية.

ولمواجهة هذه التحديات يتم اعتماد منهج الإدارة الإستراتيجية ويعتمد منهج الإدارة الاستراتيجية برأي أحد الباحثين على ضرورة تحديد الرسالة والرؤى الواضحة والأهداف والنتائج القابلة للتقييم باستخدام نظام قياس يشمل أبعاد الأداء المختلفة مثل الفاعلية في تحقيق الأهداف والكفاءة في العمليات والاقتصادية في استخدام الموارد وجودة خدمة الزبائن.

(الكويتي، 2005، ص42)

تشمل الإدارة الإستراتيجية عدداً من العناصر يتم وضعها ومناقشتها والاتفاق عليها في ورش عمل يشارك فيها أكبر عدد من المسؤولين لتوحيد مفاهيمهم **وهذه العناصر هي:**

1. رسالة واضحة للمنظمة تحدد ما هي المنظمة ولماذا تأسست.

2. القيم التي تشكل المبادئ التي تحكم سلوك وتصرفات المسؤولين والموظفين.

3. رؤية مستقبلية تعكس ما تريد المؤسسة أن تكون عليه بعد مدة من الزمن تحدد حسب طبيعة الرسالة ونوعية العمل وظروف المنظمة.

33

4. إستراتيجية تتمثل في محاور وأهداف رئيسية للاتجاه الذي ستسلكه المنظمة في تحقيق الرؤية.

5. وضع نظام قياس بمعايير لمعرفة مدى تحقيق المنظمة لأهدافها الرئيسية.

6. ترجمة الأهداف الرئيسية إلى أهداف فرعية ومرحلية ومعايير تحدد نسب الأداء المطلوبة.

7. إقرار مشاريع لتنفيذ الإستراتيجية محددة بمدة زمنية وتكلفة ونتائج متفق عليها مسبقاً.

8. وضع خطة المتابعة وتجميع معلومات التقييم.

9. أسلوب مراجعة وتصحيح الأداء.

(P44, 2002, Niven)

وحسب هذه النظرية هناك ثلاثة نقاط أساسية يجب أن تقوم بها الإدارة بعد إكمال صياغة الإستراتيجية بغية تطبيقها في المنظمة:

ــ تحديد الكيفية التي ستكون عليها المنظمة من حيث البناء التنظيمي الذي يساعد على الإنجاز كما خطط له. أي تحديد كيفية تقاسم الصلاحيات والمسؤوليات وتحديد المستويات الإدارية التي تتولى اتخاذ الأنواع المختلفة من القرارات وكيفية التنسيق بين المهام.

ــ بناء نظام من الإجراءات والخطوات المطلوبة لإنجاز أهداف المنظمة ويشمل تحديد إجراءات العمل المعيارية standard operating procedures.

ــ تحديد نوعية القادة الإداريين الذين يقودون جهود المنظمة باتجاه إنجاز النتائج المرغوبة.

(M.Porter, competitive strategy,1990)

يمكن أن نختم هذا المبحث برأي أحد الباحثين:

((إن العديد من المنظمات اتجهت إلى نبذ النماذج الإدارية التقليدية المعتمدة على السيطرة والتحكم والتي سادت من الستينيات والتي تمثلت في احتكار المسؤول للسلطة ومركزية القرارات وتمرير الأوامر من الأعلى إلى الأسفل)).

(P3, 1992, Robert Simon)

أما في المناخ التنافسي الحالي فقد تراجعت هذه النماذج في صالح السيطرة الناتجة عن الاتفاق على الأهداف والمساءلة على النتائج.

(P40, 1992, David Osborne)

إن تطور الفكر الإداري في مجال التنظيم ما زال مستمراً بل وهو في تسارع مستمر وقد قدّمنا فقط أبرز النظريات والمعالم الأساسية في الفكر التنظيمي وبشكل موجز بما يساهم في إغناء الجزء النظري للبحث.

مع التنويه أن كل يوم يشهد ظهور اتجاهات وأفكار جديدة في مجالات التنظيم والتطوير التنظيمي.

الفصل الأول

التنظيم والتطوير التنظيمي

مقدمة الفصل الأول

في المبحث الأول من هذا الفصل سيتم البحث في مفهوم وظيفة التنظيم وتقديم التعاريف المختلفة التي وضعها الباحثون لهذه الوظيفة وتحديد الفوائد التي تجنيها المنظمة من هذه الوظيفة ذات الأهمية البالغة.

كما سيتناول البحث النشأة التاريخية لمفهوم التطوير التنظيمي مع تحديد أهم المراحل وأهم الشخصيات التي ساهمت بجهودها في تشكيل هذا الحقل من علم الإدارة، كما سيتم استعراض عدد من التعاريف المختلفة لمفهوم التطوير التنظيمي مع محاولة صياغة تعرّيف لمفهوم التطوير التنظيمي حسب رؤية معد البحث.

في المبحث الثاني سيتم البحث في مفهوم التخلف التنظيمي مع تبيان نسبية مفهوم التخلف التنظيمي وتعدد وتداخل الأسباب المؤدية لنشوء حالات التخلف التنظيمي في المنظمات التي تتجلى من خلالها حالة التخلف التنظيمي مع تقديم اقتراحات توضح كيفية معالجة مظاهرها المختلفة.

سيتم الانتقال في المبحث الثالث لدراسة بعض الوسائل والإستراتيجيات المستخدمة في حقل التطوير التنظيمي. حيث سيتم التركيز على بعض الوسائل المهمة في حقل التطوير التنظيمي كبحوث العمل وإغناء وتوسيع العمل وتدويره، والإدارة بالأهداف وغيرها. كما سيتم التركيز على بعض الإستراتيجيات المهمة القابلة للاستخدام في حقل التطوير التنظيمي كإستراتيجية إعادة الهندسة الإدارية (الهندرة) وإستراتيجية بناء مصفوفة الأداء المتوازن.

39

المبحث الأول

مفهوم التنظيم والتطوير التنظيمي

أولاً- مفهوم وظيفة التنظيم.

ثانياً- المفاهيم الأساسية ضمن وظيفة التنظيم.

ثالثاً- أهمية وظيفة التنظيم.

رابعاً- ملامح التنظيم الجيد والحاجة إليه.

خامساً- نشأة التطوير التنظيمي.

سادساً- مفهوم التطوير التنظيمي.

أولاً ــ مفهوم وظيفة التنظيم

تأتي وظيفة التنظيم في المرحلة الثانية بعد التخطيط فبعد أن تُحدد أهداف المنظمة وخطتها تأتي المرحلة التالية في العمل الإداري وهي عملية التنظيم. وقد قدّم العديد من الباحثين تعريفاً لمفهوم التنظيم، حيث يؤكد **بيتر دراكر**: ((إن التنظيم هو عملية تحليل النشاطات والقرارات والعلاقات وذلك لتصنيف العمل وتقسيمه إلى أنشطة يمكن دراستها ثم تقسيم هذه الأنشطة إلى وظائف ثم تجميع هذه الوظائف والوحدات في هيكل تنظيمي وأخيراً اختيار الأشخاص لإدارة هذه الوحدات والوظائف)).[1]

وقد عرّف **هودجتس وكاسيو التنظيم الإداري** ((أنه العملية التي يتم بموجبها توزيع الواجبات على العاملين والتنسيق بين جهودهم بشكل يضمن تحقيق أقصى كفاءة ممكنة لبلوغ الأهداف المحددة مسبقاً)).[2]

وقد عرّف **هنري فايول التنظيم** بأنه ((القيام بأعمال معينة من أجل إعداد بناء أو هيكل تنظيمي يشتمل على تقسيمات إدارية تشمل الكيان المادي والبشري للمنظمة لتحقيق الأهداف وإنجاز الأعمال)).

وقد نظر الباحثون إلى التنظيم بأشكال مختلفة فقد اعتبره البعض عملية فقدّم **فيفنر وشيروود التعريف التالي للتنظيم** ((التنظيم هو نمط للطرائق التي تترابط بها مجموعة كبيرة من الأفراد أكبر من أن تقوم

1- Drucker, Peter (The management by objectives), Mac Millan, New York, 1990, P17.

2- زيد منير عبوي، (التنظيم الإداري، مبادئه وأساسياته)، دار أسامة والمشرق الثقافي، عمان، 2006، ص20.

فيما بينها علاقات وجهاً لوجه مباشرة وتؤدي معاً أعمالاً معقدة بشكل منظم لتحقيق أهداف مشتركة)).

ونظر فريق آخر من الباحثين إلى التنظيم كهيكل للعلاقات حيث عرّفه (جاليك وايرويك):

((التنظيم هو تحديد أوجه النشاط اللازم لتحقيق الأهداف وترتيبها في مجموعات بحيث يمكن إسنادها إلى أشخاص)).

ومن الممكن النظر إلى التنظيم على أنه وظيفة يقوم بها مجموعة من الناس تتخذ أعمال الإدارة مهنة لها **فعرّفه** (Countz and O.Denil):

((التنظيم هو الوظيفة التي يقوم بها المديرون لإقامة علاقات السلطة، مع إيجاد تنسيق هيكلي رأسي وأفقي بين مناصب أسندت لها واجبات متخصصة لتحقيق أهداف مشروع معني)).

وأخيراً نظر بعض الباحثين إلى التنظيم كنظام وتبنى هذا التفسير العديد من الكتاب، **يقول (Cast and Razenoh):** إن التنظيم يمثل الهيكل والعمليات التي تربط بين الأجزاء المكونة للمنظمة أو للمشروع.

ومن خلال استعراض وجهات النظر السابقة يمكننا أن نحدد الإطار العام لوظيفة التنظيم بأنه ((الوظيفة التي يُناط بها وضع الخطة المقررة موضع التنفيذ من خلال بناء الهيكل التنظيمي في المنظمة وتحديد السلطات والمسؤوليات والعلاقات داخل المنظمة والتنسيق الرأسي والأفقي بين مختلف الأقسام والوظائف في المنظمة)) وتشتمل وظيفة التنظيم على تحديد للسياسات والتعليمات والقواعد واللوائح والإجراءات التي تنظم العمل في المنظمة.

ثانياً ـ المفاهيم الأساسية ضمن وظيفة التنظيم:

هناك بعض المفاهيم المحورية ضمن وظيفة التنظيم سنحاول أن نقدم تعريفاً موجزاً لها وهي كما يلي:

1- تصميم التنظيم: ويعرفه **Gibson** على أنه العملية التي بواسطتها يقوم المدراء بإنشاء هيكل للواجبات والصلاحيات وتحديد علاقات ثابتة نسبياً بين مختلف الوظائف الموجودة في المنظمة.[1]

2- الوصف التنظيمي: أي تقسيم المهمات العامة للمنظمة إلى وظائف محددة (تقسيم الواجب العام وتخصيصه بين أفراد المنظمة).

3- الوحدات الإدارية (تشكيل الإدارات): تنتج عن تجميع الوظائف الفردية في مجموعات معينة على أسس محددة مثل العملاء أو المنطقة أو السلعة.

4- نطاق الإشراف: أي تحديد عدد الأفراد الذي يشرف عليهم مدير واحد أو بمعنى آخر تحديد حجم المجموعة التي ترفع تقاريرها إلى رئيس واحد.

5- تفويض السلطة: هو توزيع الصلاحيات على الوظائف سواء على أساس مركزي أو لا مركزي.

6- التنظيم الرسمي: أي ترتيب للواجبات والمهام بطريقة تحقق الأهداف بفعالية في إطار الأنظمة واللوائح التي تحكم عمل المنظمة ويكون هذا التنظيم غير شخصي ويتم تحديده عن طريق (الوصف

1- Gibson, organization: Behavior, structure, process, Dallas, Business Publication 1996

التنظيمـي وخـرائط التنظيم) ويظهـر التنظيـم الرسمـي مـن خـلال الهيكل التنظيمي.

7- التنظيم غير الرسمي: ينشأ عن التنظيم الرسمي وعن حاجات ومتطلبات الأفراد، حيث أن هذه الحاجات والمتطلبات قد تتفق أو لا تتفق مع أهداف المنظمة ويوفر التنظيم غير الرسمي الـدعم لأفراده وتنشأ العلاقات غير الرسمية نتيجة عمل الأشخاص معاً وقد تؤدي إلى أداء أفضل للعمل كما قـد تـؤدي إلى وضـع قواعـد لا يقرها التنظيم الرسمي.

ثالثاً ـ أهمية وظيفة التنظيم

يميـل البـاحثون إلى اعتبـار أن لوظيفـة التنظيـم أهميـة خاصـة في المنظمة وأهميتها تنبع من كونها تربط بين وظائف المنظمة المختلفة من أجل تحقيـق أهدافها وتحتاج كل منظمـة إلى وظيفـة التنظيم لتتمكن من توزيع العمل بين العاملين فيها وتوضيح علاقاتهم فيما بينهم من خلال تحديد السلطات والمسؤوليات لكل منهم.[1]

ويرى أحد الباحثين أن للتنظيم أهمية بالغـة في نجـاح المؤسسـة وتحقيق خططها وأهدافها وأدائها للعمل بقدرة عالية وحدد أهميـة التنظيم بالنقاط التالية:

1ـــ الحيلولـة دون التـداخل بـين الأعمـال ومنـع التنازع في الاختصاصات والصلاحيات.

1- سنان الموسوي، (الإدارة المعاصرة، الأصول والتطبيقات)، دار مجدلاوي، ط1، عمان، 2004، ص123.

2ـ الاستخدام الأمثل للطاقات البشرية عن طريق تحديد الواجبات والمهام ووضع الشخص المناسب في المكان المناسب.

3ـ التوازن والتنسيق بين الأنشطة المختلفة وذلك بتقسيم الأعمال وتوزيعها بين الإدارات والأقسام.

4ـ سهولة الاتصال بين مختلف الإدارات والأقسام في المنظمة.

5ـ الاستفادة القصوى من فوائد التخصص.

6ـ سهولة المحاسبة والمتابعة حيث يحدد التنظيم مهام وواجبات الأفراد ويحدد معايير الأداء.[1]

مما سبق يمكن أن نعتبر أن أهمية التنظيم تنبع من كون التنظيم هو حلقة الوصل الأساسية ما بين وظائف الإدارة العديدة كذلك فهو حلقة الوصل ما بين أقسام ونشاطات المنظمة فوظيفة التخطيط لا تطبق في واقع الأمر ولا تظهر نتائجها إلى الوجود إلا من خلال التنظيم وبالمقابل فإن وظيفة التنظيم تتوضح من خلال تحديد معايير الأداء ووضع اللوائح والتعليمات والسياسات فهي تضع الأساس لوظيفة الرقابة، ومن خلال بناء الهيكل التنظيمي وتحديد السلطات والمسؤوليات فهي تمهد الأساس لوظيفة القيادة الإدارية لتأخذ دورها في المنظمة.

وبما أن تنسيق جهود كافة العاملين في مختلف الأقسام والنشاطات في المنظمة لتحقيق الأهداف الموضوعة، هو الهدف الأساسي لعملية التنظيم فهي بذلك تُعد حلقة وصل بين مختلف الأقسام والنشاطات في المنظمة.

1- مصدر سابق (عبوي/ص/2006/202).

رابعاً ــ ملامح التنظيم الجيد وفوائده:

لكي يتصف التنظيم بالفعالية يجب أن يتضمن الملامح التالية:

ــ وحدة القيادة: فوحدة القيادة تضمن تنفيذ المرؤوس لأوامر رئيسه بشكل كفء.

ــ تسلسل القيادة والمسؤولية لتوضيح العلاقة بين الرؤساء والمرؤوسين.

ــ أولوية النشاطات (إعطاء الأهمية للنشاطات الأساسية أولاً).

ــ عدم الإسراف بالتشكيلات التنظيمية مما يساهم في التوفير في التكاليف الإدارية وتخفيف الروتين والبيروقراطية.

ــ النطاق المناسب للإشراف.

ــ المرونة والبساطة.

ــ استقرار وثبات التنظيم.

ــ شبكة فعّالة للاتصالات.[1]

ويمكن أن نضيف إلى سمات التنظيم الفعال أن يتصف بقابلية التطوير والتعديل وهذه الميزة مهمة جداً في عالم الأعمال الحالي الشديد والسريع التغيير. وخاصة في القطاع المصرفي الذي يتركز عليه البحث.

كما أن لوظيفة التنظيم فوائد محورية في حياة المنظمة، ولنوضح أكثر فوائد وظيفة التنظيم يمكننا أن نذكر بعض الجوانب السلبية الناتجة عن غياب وظيفة التنظيم:

ــ يترتب على عدم وجود تنظيم إداري لأي منشأة الفوضى والارتباك في العمل وسوء توزيع الأعمال بين الأفراد العاملين وإعطاء أهمية أكبر

1- مصدر سابق (عبوي/ص 2006/28).

لبعض النشاطات على حساب نشاطات أخرى قد تكون أكثر أهمية لتحقيق أهداف المنشأة.

ــ عدم وجود التنظيم الإداري يؤدي إلى أن تبالغ كل وحدة إدارية في المنشأة في أهمية الدور الذي تلعبه وبالتالي تبالغ في تقدير احتياجاتها.

ــ عدم وجود التنظيم الإداري يؤدي إلى سوء توزيع في القوى العاملة وبالأخص بالنسبة للكفاءات.

وبشكل عام يمكن أن نجزم أنه ليس بمقدور أي منظمة أن تستمر دون وجود تنظيم معين يحقق لها جملة من الفوائد:

ــ تحقيق التوزيع العلمي للأعمال والوظائف بحيث يتم تفادي إسناد أعمال ووظائف للأفراد بناءً على عوامل شخصية.

ــ القضاء على الازدواجية في العمل من خلال التقسيم الموضوعي للعمل وتحديد وظيفة كل فرد في المؤسسة وواجباته.

ــ تحديد العلاقة بوضوح بين الأفراد العاملين في المنظمة مما يساعد كل فرد على إدراك موقعه الإداري وماهية الدور المطلوب منه.

ــ تحديد السلطة الممنوحة للفرد وأوجه ممارستها.

ــ التنسيق بين النشاطات المختلفة للمؤسسة بفاعلية للتمكن من بناء علاقات إدارية مناسبة بين الوحدات المختلفة.

ــ الاستجابة للتغيرات التي تحدث للمؤسسة سواء في أعمالها أو العاملين فيها أو للتكنولوجيا المستخدمة أو في عناصر البيئة المحيطة بالمؤسسة مما يساعد المؤسسة على التكيف مع الظروف المتغيرة.

ــ إنشاء إجراءات قياسية من خلال وضع إجراءات العمل وتحديدها وبالتالي توفير عبء تحديد هذه الإجراءات في كل مرة يقوم فيها الأفراد العاملون بالعمل.

ـ نقل القرارات إلى جميع أجزاء المؤسسة وذلك عن طريق خطوط السلطة والاتصال ومد الأفراد العاملين بالمعلومات والصلاحيات التي تساعدهم على القيام بأعمالهم.

ـ تنمية الأفراد العاملين في المؤسسة عن طريق تدريبهم وتنمية قدراتهم بشكل يمكنهم من اتخاذ قرارات أفضل.

تبين لنا مما سبق إن وظيفة التنظيم هي وظيفة محورية وأساسية لنجاح واستمرار المنظمة وأن تطبيق هذه الوظيفة يتطلب دراسة عميقة لواقع المنظمة حيث تختلف الممارسة الإدارية باختلاف المنظمة والمرحلة التي وصلت لها في دورة حياتها، كما تتأثر وظيفة التنظيم بشكل كبير بالفكر التنظيمي والإداري السائد ليس فقط في المنظمة بل وفي القطاع الاقتصادي والمجتمع ككل.

وبما أن وظيفة التنظيم لا تنفصل عن الأفراد الذين سيقومون بتطبيقها فأن نجاح وتطوير العمل الإداري يتطلب المزيد من التعمق والدراسة لكيفية تطوير المهارات الإدارية والتنظيمية لأفراد التنظيم وفي جميع المستويات الإدارية.

ولعل الاتجاه الأبرز الذي يجسد تطوير وتحسين وظيفة التنظيم هو الاتجاه المعروف بالتطوير التنظيمي وهو الاتجاه الذي سيتم التركيز عليه في هذا البحث.

خامساً ــ نشأة التطوير التنظيمي

لم ينشأ مصطلح التطوير التنظيمي مـن فـراغ بـل سبقته جهود حثيثة أطلـق عليهـا مـسميات مختلفـة مـن إصـلاح إداري، أو تنميـة إدارية أو عصرنة إدارية أو تجديـد وإعادة الهيكلة وغيـر ذلك مـن المصطلحات التي دلـت عـلى الأبحـاث والجهـود الموجهة لمعالجـة المشاكل والأمراض والتحديات والصراعات التي كانت ولا تـزال تهـدد المنظمات سواء من خلال بنيتها التنظيمية أو من خلال العاملين فيها أو المتعاملين معها.

إلا أن طبيعـة هـذه المشاكل والتحديات والـصراعات والنزاعـات التنظيمية ما زالت غامضة وغير محـددة بدقـة ومتغيرة بـشكل كبير، ونتيجة لذلك بقيت المصطلحات الداعيـة لمواجهتهـا غيـر متفق عليها بشكل كامل رغم المحاولات العديدة المبذولة في هذا الاتجاه.

ويمكن القول بالاعتماد على العديد من الأدبيات والمراجع المتوفرة للبحث أنه لا يوجد اتفاق تام بين الباحثين عـلى إثبـات مـن كان أول من قدّم مصطلح "التطوير التنظيمي".

اعتبر د.الكبيسي في كتابه (التطوير التنظيمي وقضايا معاصرة) أن البذرة الأولى لحركة التطوير التنظيمي تعود إلى جهود عدد من الرّواد وهم (كورت لـوين Lewin، كينيـث بينـي Benne، ليلانـد برادفورد Bradford ورولنـد ليبيـت Lippitt) الـذين أرسـو في عـام 1946 برنامجاً لمختبر تدريبي في كلية المعلمـين بولايـة كنتـكي وأعقب ذلك الجهود المبذولة من مركز ماساشوستش للتكنولوجيا في هذا المجال.[1]

---

1 د. عامر الكبيسي، (التطوير التنظيمي وقضايا معاصرة)، دار الرضا، دمشق، 2006.

وتبع هذه التجربة تأسيس المختبر القومي لتدريب وتنمية الجماعات في أمريكا في عام **1947**. وقد بدأ هذا المركز نشاطه ببرنامج أطلق عليه (تدريب الجماعات **T-groups**). قام الباحثون في هذا المركز بالاستفادة من دراسات علماء الاجتماع وعلماء النفس السلوكيين.

ومن الباحثين الذين أسهموا وبفاعلية في تطوير هذا الاتجاه نذكر ماك غريغور **MC Gregor**، حيث طرح عام 1957 وجهة نظر لإدخال مفهوم التطوير والتغير من نطاق الجماعات إلى نطاق المنظمات.

وفي عامي **1958** و **1959** قام هربرت شبرد بإجراء ثلاث تجارب في شركة إيبسون ابتداءً من مقابلات استطلاعية وشخصية مع القيادات العليا وأنهاها بمختبر تدريبي لمدة ثلاثة أيام. وحذا حذوه باول بوشانن **Buchanan** مستخدماً نفس الطريقة في مؤسسات ملاحية وبحرية.

ومن هنا نلاحظ أن حركة التدريب للجماعات الصغيرة والتدريب عن طريق المختبرات قد ساهمت في بلورة حركة التطوير التنظيمي.

كذلك أسهمت جهود روبرت بلاكي وجين موتن في جامعة تكساس في توسيع وتعميق هذا التوجه وانتهت جهودهما إلى أبحاث الشبكة الإدارية.

ولا يمكن تجاهل المنحى الآخر الذي أسهم في تكوين مفهوم التطوير التنظيمي وهو ما يسمى ببحوث المسح والتغذية **Survey research and feedback** الذي قامت به جامعة ميتشجان وأشرف على الأبحاث فيها رنسس ليكرت في عام 1946.

كما يمكن أن نعتبر أن الاتجاه المعروف (بالتنظيم والأساليب) والذي نشأ في بريطانيا والولايات المتحدة الأمريكية والذي تطور تطوراً كبيراً

أثناء الحرب العالمية الثانية والفترة التي تلتها، رافداً رئيسياً للتطوير التنظيمي حيث احتوى مفهوم التطوير التنظيمي العديد من المفاهيم والأسس التي قدمها (التنظيم والأساليب).

سادساً ـ مفهوم التطوير التنظيمي

قدّم عدد من الباحثين تعاريف عديدة لمفهوم التطوير التنظيمي سنستعرض بعضاً منها، فقد عرف مفهوم التطوير التنظيمي بأنه: **"عبارة عن محاولة لرفع فعاليات المنظمات عن طريق تحقيق التكامل بين الرغبات والأهداف الشخصية للأفراد مع أهداف المنظمة وذلك باستخدام الأساليب والمعرفة المستمدة من العلوم السلوكية ويتضمن التطوير التنظيمي جهود التغيير المخططة التي تشمل كل النظام لمدة معينة مع الأخذ بعين الاعتبار أن هذه الجهود مرتبطة بأهداف المنظمة".**[1]

كذلك يشير التطوير التنظيمي إلى الجهد الشمولي المخطط لتغير وتطوير العاملين في المنظمة عن طريق التأثير في قيمهم ومهاراتهم وأنماط سلوكهم وعن طريق تغيير التكنولوجيا المستعملة والعمليات والهياكل التنظيمية وذلك سبيلاً لتطوير الموارد البشرية والمعنوية وتحقيق الأهداف التنظيمية.[2]

ويشتمل مفهوم التطوير التنظيمي بحسب بعض الدراسات على النقاط التالية:

1ـ تغيير مخطط.

Burke.W, (organization Development), Addison Wesley, New York, 1997. -1

2- محمد قاسم القريوتي ، (السلوك التنظيمي)، دار الشرق، عمان، 1993، ص 229.

2ـ يشمل كل المنظمة.

3ـ يُدار من قبل الإدارة العليا.

4ـ يهدف إلى زيادة فعالية وصحة المنظمة.

5ـ هـو تـدخل مخطـط فـي عمليـة التنظيـم مسـتخدماً المعرفـة المستمدة من العلوم السلوكية.

6ـ يهدف للتأثير في قيم النظام ومعتقداته وآرائه.

7ـ وذلك بهـدف التكيـف بـشكل أفضـل مـع الظـروف المحيطـة وخاصة الظروف التقنية.[1]

عرف (French and Bill) مصطلح التطوير التنظيمي بأنه:

"سلسلة الجهود المسـتمرة والبعيـدة المـدى الهادفـة إلى تحسـين قدرات المنظمة على إدخال التجديد ومواكبـة التطـور وتمكينهـا مـن حـل مـشاكلها ومواجهة تحـدياتها مـن خـلال توظيـف النظريـات والتقنيات السلوكية المعاصرة الداعيـة إلى تعبئـة الجهـود الجماعيـة، وتحقيق المشاركة الفرديـة واستيعاب الحضارة التنظيميـة، وإعـادة صياغتها واعـتماد البحـوث الميدانيـة ودراسـات العمـل والاسـتعانة بخبراء والتطوير من داخل المنظمة وخارجها لوضع الخطط والإسهام في متابعة تنفيذها".[2]

وقدّم (Gibson) التعريف التالي:

1- مجموعة من الباحثين، إدارة البحوث، معهد الإدارة العامة، الرياض، 1983، ص9.

2- مرجع سابق (عبوي، 2006، ص176)

"التطوير التنظيمي هو تلك الجهود الرامية إلى زيادة فاعلية المنظمات عن طريق تحقيق التكامل بين الرغبات والأهداف الشخصية للأفراد مع أهداف المنظمة بوضع البرامج المخططة للتغيير الشامل لكل المنظمة".[1]

وعرّف (Lippit) التطوير التنظيمي بأنه:

"عملية التجديد الذاتي التي تسعى المنظمة من خلاله إلى بعث الحداثة ومنع التراجع وإزالة الصدأ الذي يتراكم على النظم واللوائح أو يصيب الأفراد، أو تتعرض له المنظمة لكي تظل محافظة على حيويتها وشبابها ومصداقيتها وقادرة على التكيف والتجاوب مع الأزمات والظروف الصعبة لتخرج منها أقوى عوداً وأعلى معنوية".[2]

وعرف (Lorish) التطوير التنظيمي أنه جهد شمولي مخطط يهدف لتغيير وتطوير العاملين (قيمهم ومهاراتهم) وتغيير التكنولوجيا والعمليات والهياكل التنظيمية وذلك في سبيل تطوير الموارد البشرية وتحقيق الأهداف المحددة للتنظيم.[3]

ونلاحظ من خلال هذه التعاريف اعتماد الباحثين مداخل متعددة قد تشابهت في بعض النقاط واختلفت في نقاط أخرى من حيث تحديد العناصر الأساسية التي تشكل مفهوم التطوير التنظيمي. أدى هذا التباين

1- مرجع سابق (عبوي، 2006، ص176)

2- مرجع سابق(عبوي، 2006، ص177)

3- Lorish, introduction to the structural Behavior, Prentice Hall, N.Y. 1995, P5

إلى محاولة هارفي وبراون[1] إلى تقديم طريقة بديلة لتحديد مفهوم التطوير التنظيمي **وذلك من خلال ذكر ما هو ليس من اهتمامات هذا المفهوم:**

ــ فهو ليس طريقة جزئية للتغيير.

ــ هو أكثر من وسيلة أو تقنية منفردة للتغيير.

ــ وهو ليس لترميمات أو لتغيرات عشوائية.

ــ وهو أكثر من مجرد تغيير في الاتجاهات أو رفع للمعنويات.

ــ وهو ليس مجرد زيادة في رضا العاملين.

أما ما يميز مفهوم التطوير التنظيمي ويحدد أبعاده:

ــ أنه إستراتيجية مخططة للتغيير التنظيمي.

ــ أنه جهد تعاوني يشارك فيه كل من يهمهم التغيير.

ــ أنه تحسين للأداء، وزيادة لمعدلاته.

ــ أنه يتبنى القيم الإنسانية ويسعى إلى أنسنة التنظيم.

ــ أنه يعتمد مفهوم النظام ويسعى إلى توحيد عناصره.

ــ أنه يسعى للمنظمة الكفوءة والفاعلة والمتكيفة مع التغيير البيئي.

وقد قدّم التحديد الأخير في رأي الباحث تحديداً أكثر دقة وشمولية لمفهوم التطوير التنظيمي من غيره.

ومن خلال ما سبق يمكن أن نقدم التعريف التالي لمفهوم التطوير التنظيمي:

Harvey, Brown, An Experimental Approach to organization development, Prentice -1
Hall, N.Y, 1996, P6.

((هـو تغيـير مـنظم ومـستمر ذي طـابع إسـتراتيجي ينصب على المنظمة بكل مكوناتها لتحقيق أعلى مـستوى ممكـن مـن الكفـاءة في نشاط المنظمة، من خلال تحقيق أهدافها وأهداف الأفراد العاملين فيها بـشكل متـوازٍ وبمـا يحقـق الاستجابة للتغيرات الداخليـة والخارجيـة وتعزيز ثقافة المنظمة بالـشكل الـذي يخـدم تطـوير قيـم ومعتقـدات وأنماط سلوك أفراد التنظيم)).

المبحث الثاني

التخلف التنظيمي

أولاً ــ مفهوم التخلف التنظيمي

ثانياً ــ مظاهر التخلف التنظيمي

ثالثاً ــ أسباب التخلف التنظيمي

رابعاً ــ كيفية معالجة التخلف التنظيمي

أولاً ــ مفهوم التخلف التنظيمي

إن التطور المتسارع في جميع ميادين الحياة وظهور مختلف أنواع المنظمات والتي تقوم بتقديم منتجات وخدمات شديدة التنوع وظهور المنظمات العملاقة (العابرة للقارات) واشتداد حدة المنافسة وتطور احتياجات المستهلكين عدا عن تطور دور المنظمات، حيث لم تعد تسعى فقط إلى تحقيق الربح بل أصبحت تقوم بدور اجتماعي بالإضافة إلى دورها الاقتصادي. هذا الواقع الجديد فرض تحديات عديدة على الجهاز الإداري للمنظمات حيث لم يواكب تطور الإدارات في كثير من المنظمات وبالأخص في الدول النامية، ما هو مطلوب منها القيام به من وظائف لا من الناحية الكمية ولا من الناحية النوعية ولعل هذا هو جوهر التخلف التنظيمي والمقصود بالإدارات هنا جميع مكونات العمل الإداري من أنظمة وأفراد وأساليب وإجراءات وأجهزة وآلات...

ويظهر التخلف التنظيمي في عدم قدرة الإدارة على ترجمة أهداف المنظمة إلى سياسات ثم وضع الخطط والبرامج وتنفيذها بشكل جيد وفعال.

إن التخلف التنظيمي ليس حالة ثابتة ولا يمكن أن نعزوه إلى عامل واحد، وفي أغلب المنظمات التي تعاني من هذا الداء تكون المشكلة ناتجة عن عوامل داخلية وخارجية عديدة متداخلة ومستمرة زمنياً، إلى ذلك إن مفهوم التخلف التنظيمي هو مفهوم نسبي نتعرف إلى مظاهره من خلال المقارنة ما بين منظمة معينة ومنظمات أخرى أو من خلال مقارنة الواقع الفعلي للمنظمة مع الواقع المرجو، أو من خلال مقارنة ما هو منجز فعلاً

بما هو مطلوب إنجازه. وكلما كانت الفجوة كبيرة كان التخلف التنظيمي ظاهراً والعجز والتقصير مهيمناً على الجهاز الإداري. كما أنه لا يوجد اتفاق كامل بين الباحثين على فصل واضح بين مظاهر التخلف وأسبابه فقد تتداخل مظاهر التخلف التنظيمي في بعض الحالات وتصبح مسببات لمزيد من التخلف التنظيمي.

ثانياً ـ مظاهر التخلف التنظيمي

إذا حاولنا التعرف على المظاهر المختلفة للتخلف التنظيمي سنجدها تتنوع تنوعاً كبيراً من منظمة لأخرى ومن بيئة لأخرى، ويمكن أن نُحدد مظاهر التخلف التنظيمي بالاعتماد على مجموعة من الباحثين على الشكل التالي:

1- الروتين الطويل والمعقد وطول إجراءات العمل ومرور العمل بعدد كبير من العاملين الإداريين لإتمام انجازه.

2- تضخم الجهاز الإداري وإحداث العديد من الوحدات الإدارية وكثرة العاملين فيها.

3- التضخم الوظيفي أي وجود أعداد كبيرة من الموظفين في المكاتب لا يعملون إلا عدداً قليلاً من ساعات العمل ويؤدي التضخم الوظيفي إلى أن يحاول الموظفون إيجاد أعمال لأنفسهم فيزيدون في خطوات المعاملات مما يؤدي لتعقيد الإجراءات وعرقلة سير العمل.

4- التمسك بحرفية القوانين والأنظمة واللوائح والتعليمات بدل الحرص على تحقيق الغايات التي وضعت من أجلها هذه القوانين والتعليمات.

5- الإهمال واللامبالاة من قبل الموظفين وقد يعـود ذلـك في جـزء كبير منه إلى ضعف الرقابة على أدائهم أو إلى ضآلة الرواتب.[1]

6- الميل إلى النمطية في الأنظمة وأساليب العمل وتطبيـق أنظمـة موحـدة في الـشؤون المالية وشـؤون المـوظفين بغـض النظـر عـن الاختلافات الموجودة في طبيعة العمل وبيئته.

7- غياب عامل التنسيق بـين الوحـدات الإداريـة مـن جهـة وبـين هذه الوحدات والمنظمات الأخـرى التـي تتعامـل معهـا المنظمـة مـن جهة أخرى.[2]

8- عدم المرونة حيث لا تقبل البنـى الإداريـة للمـنظمات التغـير ولا التجديد ولا تتكيف مع المتغيرات الداخلية والخارجية. مما يـؤدي إلى تأخير إنجاز الأعمال وانخفاض الإنتاجية.

9- قدم المنظمات حيث تصبح بعض المنظمات قديمة بسبب عدم إدخال تغيرات عليها لفترات طويلة سواء مـن ناحيـة التنظـيم أو مـن ناحية الإجراءات أو من ناحية الأجهزة والمعدات.

10- الإسراف وارتفاع التكلفة الاقتصادية للخدمات أو للإنتاج كـما قد يتم التوسع في الإنفاق على الأبنية والأثاث وشراء السيارات وغيرها من مظاهر الإنفاق غير الضرورية.

11- المحاباة والمحسوبية والترقية إلى الوظائف الأعلى دون النظـر إلى الكفاءة أو المؤهلات.

1- محمد شاكر عصفور، (أصول التنظيم والأساليب)، دار المسيرة، عمان، 2007، ص341-342.

2- محمد شاكر عصفور، (أصول التنظيم والأساليب)،دار المسيرة،عمان،2007،ص341-342.

12- سـوء الأخـلاق الإداريـة وتفـشي الرشـوة والـسعي لتحقيـق مكاسب غير مشروعة على حساب مصلحة المنظمة.[1]

13- إضفاء طابع من السرية الشديدة على الأعمال الإدارية حيث يؤدي ذلك إلى عدم الشفافية ويسبب إعاقة للبحوث العلميـة عـن نظم وإجراءات العمل ولا يساعد في تشخيص المشكلات.[2]

14- المركزية الشديدة وخاصة بما يتعلق في اتخاذ القرارات بكبار الموظفين.[3]

كما يمكن أن نحـدد المظاهـر الرئيـسية للتخلـف التنظيمـي فيما يتعلق بالنقاط التالية:

• مشكلات الحجم والسعة.

• الاتصالات التنظيمية التقليدية.

• تقييد الحريات وتنميط السلوك التنظيمي.

• المشكلات الفكرية والمنهجية.

• ثقافة المنظمـة : (الأمـراض النفسية والعصابية في بيئـة المنظمة الداخلية)

• الضغوط التنظيمية.

وفيما يلي نقدم شرحاً سريعاً لمظاهر التخلف التنظيمي هذه:

مشكلات الحجم والسعة:

1- إبراهيم العواجي، (واقع الإدارة العامة في المملكة العربية السعودية وأثره على التنمية)، معهد الإدارة العامة، الرياض، 1995، ص55.

2- إبراهيم درويش، (التنمية الإدارية)، دار النهضة العربية، القاهرة، 1997، ص64-66.مرجع سابق (درويش، ص64-66، 1997)

3- مرجع سابق (درويش، ص64-66، 1997)

3- مرجع سابق (عصفور، ص341-342، 2007)

إن حجم المنظمة يجب أن يتناسب مع غاية تحقيق أهداف المنظمة، ومن المشكلات التي يعاني منها المدراء تحقيق التعادل في حجم المنظمة بما يحقق للمنظمة الحد من التكاليف من جهة، والتطور والتقدم والاستجابة لتحديات المنافسة من جهة ثانية.

من الظواهر الشائعة في عالم اليوم نشوء الشركات العابرة للقارات والمتعددة الجنسية وترافق ذلك مع ميل هذه الشركات إلى تحقيق الاكتفاء الذاتي من خلال إنتاج العديد من المواد الأولية الداخلة في منتجاتها، أدت هذه العوامل إلى تعقد الهيكل التنظيمي وصعوبات في الإدارة سواء من حيث نشوء أقسام جديدة أو من حيث الانتشار الجغرافي لأعمال المنظمة.

وكمثال على ذلك **شركة (كوداك)** التي بدأت تدخل عالم صناعة الأفلام والأجهزة والمعدات الدقيقة وإنتاج الأجزاء والمواد الداخلة في صناعتها بعد أن ظلت سنوات طويلة تشتري ما تحتاجه من شركات أخرى. وبالتالي أصبح الميل نحو تحقيق الاكتفاء الذاتي من العوامل المؤدية إلى كبر حجم المنظمات وتوسعها.[1]

إن من المشاكل المصاحبة لازدياد الحجم زيادة عدد العاملين مما يؤدي إلى إثقال كاهل المنظمة بمطالبهم وتلبية احتياجاتهم إضافة إلى صعوبة تسيير شؤونهم الإدارية والمالية. وبعكس هذا الاتجاه ظهر اتجاه حديث في الإدارة يفضل الميل نحو المنظمة الرشيقة مما يساهم في إضفاء المرونة على المنظمة ويساهم في تخفيف الصعوبات الإدارية وضبط النفقات.

1- مرجع سابق (بيتر دراكر, الإدارة بالنتائج 1990)

وبالتالي أصبح على القادة قبول تحدي الحجم المناسب للمنظمات بتأثير الضغوط الداخلية والخارجية الداعية إلى التوسع و تلبية مطالب العمل أو مغريات الانتشار، ومطالب خفض النفقات وتحسين إنتاجية وكفاءة العمل.

ويقودنا هذا إلى الاعتقاد بأن الحجم غير المناسب للمنظمة هو مظهر من مظاهر التخلف التنظيمي سواء أكان عدم التناسب من حيث كبر حجم المنظمة مما يترتب عليه زيادة التكاليف وتعقيد العملية الإدارية أو سواء من حيث صغر حجم المنظمة وبالتالي عدم قدرتها على تحقيق أهدافها بالشكل الأمثل وعدم قدرتها على الصمود في وجه المنافسين.

الاتصالات التنظيمية التقليدية:

إن الشكل التقليدي لقنوات الاتصال هو مظهر من مظاهر التخلف التنظيمي حيث أن الاتصالات الهرمية أو الرسمية حيث تصعد المعلومات والبيانات والآراء إلى أعلى الهرم وتنساب الأوامر من أعلى الهرم باتجاه المستويات الأدنى فالأدنى وتتم الاتصالات عبر القنوات الرسمية حصرياً وحسب قاعدة التدرج عبر المستويات الإدارية.

إن لهذه الطريقة من الاتصالات وحسب رأي أحد الباحثين عيوب لم تعد خافية فهي تعيق في أكثر الأحيان وصول المعلومات وتحد من سرعتها وفاعليتها بسبب توقفها في العديد من المحطات، وتؤدي إلى انخفاض الروح المعنوية لدى المرؤوسين وتقلل من فرص المشاركة والتفاعل كما

تحد من حرية التصرف في الأحوال الاستثنائية والتي تتطلب التحرك السريع إزاء الأحداث.[1]

وبالتالي فأن ضعف كفاءة وفعالية الاتصالات واعتماد أنماط تقليدية للاتصالات وعدم وجود أشكال أخرى للاتصالات كالاتصالات الدائرية والأفقية يعد من المظاهر الرئيسية للتخلف التنظيمي كما يعد عدم استخدام تكنولوجيا الاتصالات الحديثة المتمثلة في (الانترنت، الاتصالات اللاسلكية وغيرها) مظهر من مظاهر التخلف التنظيمي.

تقييد الحرية وتنميط السلوك التنظيمي:

إن كثرة النظم واللوائح والقرارات التي تحاول الإدارات العليا من خلالها تنميط السلوك الإداري ووضع إجراءات تفصيلية محددة للتصرفات اليومية للموظفين في المنظمة. تؤدي حين تكريسها إلى خلق حالة من التخلف التنظيمي، حيث ليس هناك شك في أن كثرة التعليمات واللوائح تعيق العمل وتكبل الإداريين وتضعف الفاعلية فالنصوص هي كلام مكتوب أما السلوك فهو نشاط ديناميكي ينسجم مع الظروف والموقف وينبغي أن لا نغلب الكلام أو النص الوصفي الذي شرع في ظروف وأجواء مضت وانتهت على الحركة والمبادرة الواعية..[2]

ويشتد التأثير السلبي لهذه الظاهرة حينما تكون النظم أو اللوائح قديمة ومضى على صدورها زمن طويل ولم تعدل, أو حين تكون قد تعرضت لتغيرات متعددة ولم تشهد الاستقرار والثبات أو أن تكون

1- Laurent, (Managerial subordinancy), American Academy of management,1987, P220.

2- مرجع سابق (الكبيسي، 2006، ص19).

التعديلات مرتجلة متناقضة.

المشكلات الفكرية والمنهجية:

إن أدبيات الإدارة المعاصرة تروج للنظريات الجديدة التي تدعو إلى إلغاء التنظيم الهرمي وسحب البساط من تحت البيروقراطية التقليدية, إلا أن الممارسات التطبيقية والعملية لا زالت في كثير من الأحيان غارقة في التنظيم التقليدي وملتزمة بالمبادئ الكلاسيكية.

وهنا ينتج التناقض بين الفكر التنظيمي المعاصر والتطبيق العملي أو التناقض بين ما هو كائن وبين ما ينبغي أن يكون.

وهنا ينشأ الصراع والتناقض بين ما يدرسه ويتعلمه الخريجون وبين ما تتعامل به المنظمات التي يتوظفون فيها من ممارسات وأساليب تقليدية عفا عنها الزمن وهذا ينطبق أيضاً على الموظفين القدامى الذين يشاركون في البرامج التدريبية ويطلعون على الجديد من الأفكار ويكتشفون مساوئ وسلبيات الممارسات القائمة..[1]

المعضلة تكمن في الفجوة بين ما يؤمن به الخريجون الجدد والموظفون المتدربون وهم عادة من الشباب الذين يشغلون الوظائف الإدارية والفنية في المستويات الدنيا والوسطى وبين ما يمارسه التقليديون المخضرمون الذين يشغلون المواقع القيادية العليا من أساليب وتصرفات تعسفية وبيروقراطية.

1- Alper S.W, (The Dilema of lower level management), American Academy of Management, 1990.

ثقافة المنظمة (الأمراض النفسية والعصابية في بيئة المنظمة):

عندما ينتشر في منظمة شعور سلبي بين العاملين كأن يرددوا: إننا نكره المجيء لهذه المنظمة والعمل بها, إن المشرفين لا يعجبهم أحد من العاملين, ليس في المنظمة من يهمه أمرها أو من يعمل لمصلحتها, الكل يعمل من أجل مصلحته الخاصة, الجيدون هم الذين يتركون المنظمة, المنظمة لا تستحق أن يُخلص لها ..الخ.

نكون هنا أمام مشكلة في ثقافة المنظمة ناتجة عن سلوكيات الإدارة وعدم إدراكها لنتائج تصرفاتها على الناحية النفسية للعاملين.[1]

ومن الأمراض النفسية التي قد تنتشر كذلك في المنظمات شعور الأفراد بالعزلة أو الغربة وأنهم ضائعون وسط صخب الإنتاج والآلات أو أنهم مجهولون بين هذه الصفوف المكتظة من البشر.

وقد تشعر فئات معينة مهمشة من العاملين أو من الفنيين الذين يوضعون في غير مكانهم بشكل أكبر بهذا الشعور.

الضغوط التنظيمية:

تنتج الضغوط التنظيمية عن أوضاع معينة في البيئة الداخلية والخارجية للمنظمة وتؤدي هذه الأوضاع إلى خلق أجواء مثيرة للقلق والتوتر والإحباط ويجب أن نعترف أن الضغوط التنظيمية هي حالة طبيعية ومصاحبة لجميع بيئات العمل وجميع المنظمات إلا أن المشكلة تكمن في ازدياد تعمق هذه الضغوطات. إن من مصادر الضغوط التنظيمية

1- Harry. Albertson. (Neurotic organizations). West Publishing company, New York, 1994. p338 - 348

الازدواجية في التعامل مع العاملين سواء في مجال الترقيات والتحفيـز أو في توزيع المهام والمسؤوليات, تجاهل كفاءة العاملين أو أهليتهم أو الخبرة أو الاختصاص. التمييز بين الموظفين لاعتبارات تتعلـق بـالجنس أو اللون أو الطائفة أو الانتماء لجمعية أو حزب أو عشيرة, عدم توفر الأمن الوظيفي, خشية العاملين من الإحالة المبكرة إلى التقاعد..

وبحسب أحد الباحثين فإن الضغوط التنظيمية تنتقل بين الأفراد في المنظمة عبر عمليات سلوكية شعورية أو لا شعورية لتسيطر عـلى جـو المنظمة, فحين يشتد الضغط على (س) من الأفراد فإنه يضطر إلى تفجير غيظه أو همه بمراجعيه أو بمرؤوسيه وهكذا تنتقل الضغوط التنظيميـة عبر المنظمة.[1]

إن الضغوط التنظيمية لها صلة مباشرة ببيئة العمل فأجواء العمـل (صالات غير مكيفة, رطوبة عالية) وعدد ساعات العمل الطويلة وزخـم العمل وعدم وضوح التعليمات أو عدم وجود تفهم من الإدارة لعامليها أو عدم التعاون بـين العاملين كلهـا عوامـل تـؤثر عـلى شـدة الـضغوط التنظيمية.

ــ وتـشير إحـدى الدراسـات إلى المـصادر التاليـة للـضغوط التنظيمية:

ــ الفوضى والإهمال في بيئة العمل.

ــ عدم المشاركة من جانب العاملين في عمليات اتخاذ القرارات.

ــ التغيرات المفاجئة والاستفزازية سواء في الهياكل أو في الموقع.

ــ جداول ومواقيت العمل الغير ملائمة.

ــ النزاعات والخلافات بين المرؤوسين والزملاء والرؤساء.

1- عوف عبد الرحمن الشيخ ظاهر, (الضغوط التنظيمية وعلاقاتها بالتوافق النفسي للموظفين "رسالة دكتوراة"), جامعة بغداد، 1996.

ــ نقص المعلومات.

ــ كثرة المهام والواجبات وضيق الوقت لأدائها.

- غموض المهام والأعمال ونقص التدريب والإعداد لها.

ــ المشاكل العائلية.

ــ صعوبات الانتقال والمجيء للمنظمة.[1]

ثالثاً ــ أسباب التخلف التنظيمي

إن للتخلف التنظيمي أسباب عديدة قد لا تكون ناتجة عن عامل واحد، ويميل الباحثون إلى تحديد مجموعة من العوامل المسببة للتخلف التنظيمي ونذكر منها:

العوامل الاجتماعية، العوامل الإدارية، الأساليب وقواعد العمل، الأفراد العاملون في المنظمة، الإمكانات المادية والتكنولوجيا، **ويمكن أن نعتمد التحديد التالي لعوامل التخلف التنظيمي:**

أــ العوامل الاجتماعية: ومن أبرزها:

1ــ الروابط العائلية والعشائرية وأواصر الصداقة، حيث تؤدي إلى إهمال الإدارة لوضع الشخص المناسب في المكان المناسب وقد لا يتم محاسبة المقصر فتشيع مسألة فقدان روح العدالة بين العاملين وتؤدي إلى هبوط الكفاءة الإدارية.

1- إلهام هاشم كاظم, (تحليل محددات ضغوط العمل وأثره في الأداء "رسالة ماجستير")، الجامعة المستنصرية، بغداد، 1995.

2ــ نـوع النظـام الاجتماعـي، حيـث أن خـضوع بعـض الـدول لمفاهيم اجتماعية معينة يشكل عائقاً في طريق التغيير أو استخدام المعارف الجديدة.

3ــ هجرة الأدمغة، وهـذا العامـل يبرز في الـدول النامية حيث تؤدي هجرة الأدمغة إلى الدول المتقدمة إلى محدودية المعرفة في الأجهزة الإدارية.[1]

ويجب الملاحظة أنه قد يكون للعوامل الاجتماعية في بعض المجتمعات دور كبير في تماسك وتطور المنظمات وكمثال على ذلك فإن القيم والعادات السائدة في المجتمع الياباني تساهم بدرجة كبيرة في إضفاء الكفاءة والفعاليـة علـى عمـل المـنظمات.. وفي عالمنا العربي يمكن لنا الاستفادة من التراث العربي والإسلامي الأصيل والذي يحرص على إتقان العمل والحرص علـى المنفعـة العامـة وتشجيع العلم والبحـث العلمـي كمحـرك أسـاسي للاسـتفادة مـن العوامـل الاجتماعيـة في سـبيل تطوير المـنظمات بـدلاً مـن سـيادة العوامـل الاجتماعيـة المكرسـة للتخلـف التنظيمي.

ب ــ العوامل الإدارية:

ومن أبرزها:

1ــ عدم الاعتماد على الكفاءات المناسبة في الإدارة العليا.

2ــ التقليد الأعمى للدول المتقدمة في أساليبها الإدارية.

1- مهدي حسن زويلف ، سلمان أحمد اللوزي ، (التنمية الإدارية والدول النامية)، دار مجدلاوي، عمان،1993 ص26.

3ـ شيوع الرشوة والوساطة حيث تُعد شكلاً من أشكال التخلف التنظيمي والذي يؤثّر حتماً على نوعية القرار الذي يُتّخذ.

4ـ التردد في اتخاذ القرار وعدم تحمّل المسؤولية وذلك رغم توفر الصلاحيات تجنباً لتحمل تبعية القرارات.

5ـ تضخيم الأجهزة الإدارية لأسباب قد تكون شخصية (إضافة الأهمية للمدير) وحشر الموظفين في الأجهزة الإدارية دون مبرر عملي لتواجدهم أصلاً.

6ـ مركزية الإدارة: إن المركزية غير المبررة تؤدي إلى التخلف التنظيمي، حيث أن حصر سلطة اتخاذ القرار بالمركز يُبعد الحلقات الإدارية الأخرى عن ممارسة اتخاذ أو صنع القرار على الرغم من قربهم من موقع الأحداث.[1]

وكما تم ذكره سابقاً نلاحظ أن العديد من الباحثين قد يصنف العوامل الإدارية (كمركزية الإدارة، تضخم الأجهزة الإدارية، الاعتماد على غير الكفاءات في الإدارة وغيرها) كأسباب أو كمظاهر للتخلف التنظيمي ومرد ذلك باعتقادنا إلى كون العديد من أسباب التخلف التنظيمي تؤدي إلى تشكل مظاهر مرتبطة بها. وهذه المظاهر عند استمرارها تصبح بدورها سبباً للمزيد من التخلف التنظيمي.

ج ـ الأساليب وقواعد العمل وتتمثل في:

1ـ عدم كفاءة نظم الاتصالات: إن توفر نظم الاتصالات والمعلومات شبيه بالدورة الدموية في جسم الإنسان، وبالتالي فإن غياب أو

1- مرجع سابق (زويلف، اللوزي، /ص/27/1993)

ضعف نظم الاتصالات أو نظم المعلومات يجعل المشاكل الإدارية بعيدة عـن متنـاول الإدارات وتعـذر دراسـة المـشاكل الإدارية وصعوبة حلها.

2ـ تعدد الإجراءات وتعقيدها يؤدي إلى عرقلة الأداء وعدم تفهـم العاملين لها وبالتالي انخفاض كفاءة العمل.

3ـ عدم وضوح القواعد والنظم والتعليمات وكثرة مراجع تفسيرها من جهات متعددة تـؤدي إلى ضياع وحـدة التطبيـق وتغليـب الاجتهادات الشخصية.[1]

د ـ الأفراد العاملون في المنظمة:

ومن أبرز العوامل المتعلقة بالأفراد في المنظمة والمـسببة للتخلـف التنظيمي:

1ـ مقاومـة التغيـير: لا يمكـن لأي تغيـير إداري أن يـنجح إذا لم يلاقي قبولاً ممن سيخضع لذلك التغيير أو سيقوم به.

2ـ عدم تحديد حجم القوى العاملة تحديداً علمياً وسوء توزيعها وبدائية توزيع هيكل العمالة، مما يؤدي لوجود بطالة مقنعة وضياع جهود العاملين.

3ـ عدم احترام الزمن: إن عامل الزمن يحظى بعدم احـترام كـاف في بعض المنظمات، وتساهم البيروقراطيـة في ذلك حيـث أن عمـق الإجراءات وطولها وتفشي الروتين والبطالة المقنعة تعد مـصدراً لعـدم احترام الزمن.

4ـ عدم التطابق بين اختصاصات العاملين وطبيعة أعمالهم.

1- أحمد رشيد، (إدارة التنمية بالدول النامية)، مكتبة مدبولي، القاهرة، 1990، ص146-156.

5ـ انتشار الأميَّة: إن انتشار الأمية أو شبه الأمية ما بين العاملين في المنظمات يؤدي إلى عدم القدرة على تطبيق مبادئ عملية التطوير التنظيمي بشكل فعّال.

6ـ انتشار الفساد الأخلاقي والإداري

7ـ فقدان التقييم الموضوعي للعاملين

8 ـ التسابق في اصطياد المناصب الإدارية العليا[1]

مقاومة التغيير تؤدي إلى تعثر الكثير من جهود التطوير التنظيمي ومرد ذلك إلى مقاومة الأجهزة الإدارية لكل جديد لم تعتاد عليه، حيث يقابل الأفراد أي تعديل أو تغيير لنظام قائم بالرفض الكامل أو الجزئي للتغيير ومتطلباته ويؤدي للتمسك الكلي أو الجزئي بالأنماط والضوابط السلوكية القائمة وعدم قبول المقترحات الجديدة إلى إعاقة جهود التطوير التنظيمي.

إن عدم تطابق اختصاص بعض العاملين والعمل الذي يمارسونه معناه عدم وضع الشخص الملائم في المكان المناسب ومعنى ذلك عدم كفاءة الأداء وعدم الوصول إلى الأهداف النوعية.

إن ضياع الضوابط التي يتم بموجبها توجيه العاملين نحو التعامل الأخلاقي في مجال أعمالهم الوظيفية يساهم في انتشار الفساد الإداري مما يحتّم على الإدارات تقديم المجال لتقدم وتطور الأشخاص المؤهلين علمياً وخلقياً لكي يساهموا بدورهم في تطوير العمل وبالمقابل فليس بالإمكان أن يساهم الأفراد غير المؤهلين أخلاقياً ومهنياً في عملية التطوير ويعتبر نفاق

1- مهدي حسن زويلف، (إدارة الأفراد مدخل كمي)، دار مجدلاوي، عمان، 1998.

العاملين ورعاية الإدارة لهذا النفاق من العوامل الأساسية المؤدية إلى التخلف التنظيمي.

كما أن عجز الإدارات عن إيجاد سبل عادلة وموضوعية في تقييم جهود العاملين، وتغاضي بعض الإدارات عن هفوات وأخطاء المحسوبين وتشددها في رقابة البعض الآخر يُدخل اليأس إلى نفوس العاملين ويشجع على اللامبالاة ويساهم في كثرة النفاق وإحاطة المسؤولين بهالة من الزيف.

وينطبق هذا على فئة تتخذ من النفاق وارتداء ثوب الإخلاص والأمانة طريقاً للوصول للمناصب الإدارية العليا دون الإيمان بالتطوير والتدريب والممارسة الإدارية الناجحة كطريقة للترقي.

ونلاحظ مما سبق أن طبيعة العنصر البشري هو من المحددات الأساسية للتخلف التنظيمي.

هـ ـ الإمكانات المادية والتكنولوجيا

إن لتوفر الإمكانات المادية أثر ملحوظ في إنجاح خطط التطوير بشكل عام في المنظمات إلا أن توفر هذه الإمكانات ليس بالضروري أن يؤدي إلى حدوث التطوير المرجو في المنظمات حيث أن المهم هو استيعاب وإدخال هذه الإمكانات في عملية التطوير والتنمية.[1]

وبالنسبة للتكنولوجيا فإن عملية التنمية تتطلب إدخال الوسائل التكنولوجية الحديثة ويحتاج ذلك إلى توفر إدارة متطورة تستطيع التمييز

1- زكي راتب غوشة، (أخلاقيات الوظيفة في الإدارة العامة)، مطابع التوفيق، عمان، 1993، ص156.

بين ما هو ضروري من هذه الأساليب التكنولوجية وتحديد وتدريب الكوادر الضرورية لتشغيلها.

ويجب على الإدارة أن تواكب حركة الاختراع والإبداع المتسارعة حيث أن أي تهاون في اللحاق بالاختراعات والتكنولوجيا الحديثة قد يشكل بالتبعية مظهراً من مظاهر التخلف.

مع التأكيد على أن إدخال التكنولوجيا الحديثة يجب أن يسبقه دراسة علمية موضوعية جادة لتفادي المشاكل المصاحبة لإدخال التكنولوجيا الحديثة.

رابعاً ـ كيفية معالجة التخلف التنظيمي

كما تمت الإشارة سابقاً فإن للتخلف التنظيمي أبعاد وأسباب عديدة ولكي نتمكن من معالجة حالات التخلف التنظيمي يقتضي الأمر بداية تشخيص أسبابها ومظاهرها بهدف وضع خطط لعلاجها ومن الطرائق الممكنة لمعالجة بعض أبعاد حالات التخلف التنظيمي:

معالجة مشكلات الحجم والسعة:

مع ازدياد حجْم المنظمة وتطور أعمالها يجب أن يتم التركيز على تطبيق الطرق الآلية والأتمتة الحديثة مما سيؤدي حتماً إلى تخفيض عدد العاملين وسيؤدي بالمقابل إلى الحاجة لمختصين باختصاصات تقنية دقيقة ولن يعد مقبولاً أن تبقى أنماط القيادة ذات طابع مركزي بل يجب أن يتم

الاتجاه نحو مزيد من الديمقراطية والمشاركة في عمليات رسم الأهداف واتخاذ القرارات.[1]

ويمكن للمنظمة أن تؤمن الحاجة إلى الكفاءات من خلال وضع استراتيجيات بعيدة المدى لاستقطاب الكفاءات وتنمية الانتماء للمنظمة وتقوية سبل البقاء وخلق بيئة تحفز على المزيد من العطاء والإبداع..

ونظراً لتنوع وتعدد الوحدات الإنتاجية والخدمية والمساعدة التي تتكون منها المنظمة يصبح تطبيق مفهوم النظام المتكامل بوحداته الفرعية المتماسكة والمترابطة ضرورياً لتجاوز مشكلات كبر حجم المنظمة.

وكلما تشعبت المنظمة جغرافياً وقطاعياً ازدادت الضرورة إلى اللامركزية الإدارية مما يتيح الفرصة أمام كوادر المنظمة المنتشرين في ميادين العمل لأن يديروا شؤونهم وذلك في ضوء الأهداف الفرعية التي كلفوا بتحقيقها.

ويمكن للمنظمات أن تحل مشاكلها مع العاملين عن طريق توسيع دائرة المشاركة في ملكيتها سواء عن طريق الأسهم أو عن طريق الارتباط مدى الحياة بالمنظمة أو الأمن الوظيفي لجميع العاملين.

معالجة المشكلات الناتجة عن الاتصالات:

يمكن معالجة هذا النوع من المشكلات من خلال إعادة تصميم الهياكل التنظيمية أو إعادة هيكلة أنماط الاتصالات في المنظمة.

1- مرجع سابق (الكبيسي، 2006، ص15).

ولن يكون هذا الحل كافياً دون وضع إستراتيجية تدريبية للمدراء في كافة المستويات الإدارية ليتمكنوا من إدارة عملية الاتصالات بفاعلية..

وقد يكون اعتماد أنماط أكثر ديمقراطية من الهياكل التنظيمية كالهياكل المستطيلة بدل الهرمية مفيداً في حل مشكلات الاتصالات..

بالإضافة إلى اعتماد سياسة الأبواب المفتوحة من قبل المدراء في كافة المستويات وإزالة الحواجز أمام الاتصالات في كافة الاتجاهات.

كما أن اعتماد الأساليب الحديثة في وسائل الاتصالات (الانترنت، الانترانيت، الاتصالات اللاسلكية) يساهم بشكل كبير في معالجة مشكلات الاتصالات.

معالجة تقييد الحرية وتنميط السلوك التنظيمي:

إن النظم واللوائح والقرارات يجب أن تتم مراجعتها بشكل دوري واستقصاء آراء الموظفين والمدراء حول مدى جدواها وما هي الاقتراحات الممكنة لتطويرها.

وينصح د.دسوقي أن تكون عقلية صياغة النظم واللوائح عقلية مانحة، ثوابية تشجع الأفراد الالتزام بها أكثر من أن تكون عقابية، مانعة تجزرهم عند مخالفتهم إياها، كما ينصح أن لا تسرف اللوائح في التفاصيل والإغراق في رسم الجزئيات والاكتفاء برسم الخطوط العريضة تاركين للقائمين بالتنفيذ فرصة الشعور بالثقة بعقولهم وأمانتهم..[1]

1- (د. كمال الدسوقي، سيكولوجيا الإدارة العامة، ص382، 1995)

وبالتالي يجب أن تترك النظم واللوائح مجالاً كافياً للموظفين في المستويات الإدارية الوسطى والدنيا لاتخاذ القرارات في الظروف الطارئة أو المستعجلة والتي لا تتحمل الانتظار للرجوع إلى الإدارات العليا.

معالجة الأمراض الفكرية والمنهجية:

رغم وضوح أسباب وآثار الكثير من الأمراض الفكرية والمنهجية فإن إيجاد حلول سريعة وفعالة لها يعد من الأمور الصعبة، حيث لا يمكن بسهولة تغيير السلوك التقليدي للإدارات التي اعتادت على هذا النمط من السلوك كما أنه يصعب اجتثاث التذمر من نفوس الإدارات الشابة الراغبة في التغيير.[1]

ويتم تجاوز هذه الأمراض تدريجياً من خلال التدريب المستمر والتوعية والتعليم مع الابتعاد عن المعالجات السريعة والمنفعلة والتي قد تضاعف من حدة المعضلة..

تطوير ثقافة المنظمة ومعالجة الأمراض النفسية والعصابية في بيئة المنظمة:

إن تطوير ثقافة المنظمة يحتاج إلى خطة إستراتيجية تبدأ بتحديد رسالة المنظمة وقيمها وأهدافها والأهداف الفرعية للأقسام ثم الانتقال إلى معرفة الاحتياجات المادية والنفسية للعاملين بهدف السعي لتحقيق أهداف المنظمة وأهداف العاملين بشكل متوازٍ.

ويرى (هارفي والبرتسون) أنه لمواجهة الأمراض النفسية والعصابية من الضروري عقد جلسات المفاتحة والمصارحة والاستماع والحوار بين

1- مرجع سابق (الكبيسي، التطور التنظيمي 2006، ص22)

العـاملين والإدارة وكـذلك الاسـتفادة مـن جلـسات الإرشـاد والطـب النفسي والاستعانة بخـبراء ومستـشارين ليتولـوا تـدريب مختـصين في تكوين الفرق والجماعات المختبرية والديناميكية..[1]

ومن الضروري إعطاء الفرصة للعاملين لمناقـشة مـا يـدور حـولهم مـن الأوضـاع وإعطـاؤهم فرصـة أكـبر للـسيطرة عـلى مخرجـاتهم أو التحكم بإنتاجهم.

ويجـب وضـع الخـبراء والتكنـوقراط في أمـاكنهم المناسـبة حيـث يمكنهم استخدام المعارف والقدرات التي يمتلكونها.

معالجة الضغوطات التنظيمية:

يجب أن يتم التدخل من قبل الإدارة في المنظمـة عـبر خبرائهـا أو مستشاريها للتعامل مع الضغوط قبـل أن تتـصاعد حـدتها وتـصل إلى مستويات يتعذر علاجها عندها...

ويتم التعامل مع الضغوط التنظيمية من خلال العمل عـلى إزالـة الأسباب المولدة لها أو التقليل منها قدر الإمكان..

وفي هذا الإطار يجب أن يتم إعداد بيئة العمل بـشكل أمثـل مـن ناحية الشروط المادية للعمل (الإنارة، درجة الحرارة، ساعات العمـل) مما ينعكس على الناحية النفسية للعاملين.

وبالمقابل يجب توفير الأمن الوظيفي واتباع سياسات لـربط العـاملين بالمنظمة مما يساهم في ازدياد ولائهم وتخفيض دوران اليد العاملـة، كـما

(HARFEY, Albertson, organizational behavior, 2003) -1

أن الاهـتمام بـالنواحي الإنسانية للعـاملين الأثـر الأكـبر في تخفـيض الضغوطات التنظيمية.

فتأمين المواصلات أو رياض الأطفال لأطفال العـاملات في المنظمـة له أثر كبير على تخفـيض حـدة الـضغوطات التنظيميـة التـي يعـانون منها.

79

المبحث الثالث

وسائل التطوير التنظيمي وإستراتيجياته

أولاً ـ وسائل التطوير التنظيمي.

ثانياً ـ إستراتيجيات التطوير التنظيمي.

أولاً ـ وسائل التطوير التنظيمي

كما أنه لا يوجد اتفاق كبير بين الباحثين على تحديد مفهوم موحد للتطوير التنظيمي، هناك أيضاً تباين واضح من حيث تحديد الوسائل الخاصة به.

ومن الباحثين من أطلق مسميات مختلفة من تقنيات التطوير أو الأدوات الفنية والتطبيقية للتطوير أو أساليب التطوير، إلا أنه من المهم الإشارة إلى أن جميع هذه الوسائل أو التقنيات أو الأدوات أو الأساليب ليست حكراً على مدخل أو إستراتيجية من مداخل أو إستراتيجيات التطوير التنظيمي بل يتم استخدام أي منها بحسب درجة ملاءمتها للحالة المعينة.

وقد أوجز الدكتور الكبيسي [1] أهم هذه الوسائل بما يلي:

ـ بحوث العمل **Action Research.**

ـ إغناء العمل **Job Enrichment.**

ـ توسيع العمل **Job Enlargement.**

ـ تدوير العمل **Job Rotation.**

ـ الإدارة بالأهداف **Management by Objectives.**

ـ الشبكة الإدارية **Managerial Grid.**

ـ تدريب الحساسية **Sensitivity Training.**

ـ تحسين نوعية بيئة العمل **Quality Of Working Live (QWL).**

ـ التحول التنظيمي **Organizational Transformation.**

1- مرجع سابق (الكبيسي/ص2006/51)

بينما حدد الدكتور أبو نبعة[1] وسائل التطوير التنظيمي بما يلي:

ـ الإدارة بالأهداف.

ـ الإثراء الوظيفي.

ـ فريق التطوير.

ـ التدريب في موقع العمل.

ـ المحاضرات.

ـ تدريب الحساسية.

كذلك حدد الدكتور الصرن[2] وسائل التطوير التنظيمي بما يلي:

ـ مختبر المهارات السلوكية.

ـ تنمية وتطوير الفريق.

ـ مقابلات المواجهة.

ـ الشبكة الإدارية.

ـ معالجة النزاع.

ـ الإثراء الوظيفي.

ـ الإدارة بالأهداف.

ومن الملاحظ من خلال ما قدّمه الباحثون المذكورون وجود تطابق في تحديد عدد من هذه الوسائل مع اختلاف بعض المسميات ويميل الباحث إلى اعتماد التصنيف الذي قدّمه الدكتور الكبيسي بسبب كونه أكثر شمولية ودقة. وفيما يلي نقدم شرحاً موجزاً حول مفهوم هذه الأساليب:

1- عبد العزيز أبو نبعة، (المفاهيم الإدارية الحديثة)، دار مجدلاوي، عمان، 2001، ص83.

2- رعد الصرن، (صناعة التنمية الإدارية)، دار الرضا، دمشق، 2002م.

1ـ بحوث العمل Action Research

يبدأ هذا النمط من البحوث بالتشخيص التمهيدي للمشكلة أو الظاهرة ثم ننتقل إلى مرحلة جمع المعلومات من جميع الأطراف المعنية (العاملين، الزبائن.....إلخ) ثم يتم توصيل هذه المعلومات إلى الجماعات التي ساهمت في جمعها وذلك لتقديم صورة متكاملة لجميع الأطراف ثم يقوم الباحث بِحث الأفراد على إعطاء رأيهم فيها واقتراح تصوراتهم التي تلقي الضوء على أسباب المشكلة وما هي الحلول المطروحة وبعد ذلك يسعى الباحث لصياغة خطة عمل قابلة للتنفيذ.[1]

ومن هنا تتميز بحوث العمل بضرورة إجراء البحث في الميدان وبمشاركة العاملين وتبادل المعلومات معهم وتعليمهم وتدريبهم على كيفية تطوير أنفسهم ومنظماتهم من خلال هذا البحث، وذلك لأن دور الباحث هو تسهيل المهمة وتنشيط الجهود وتوفير أجواء الحوار ليتم تقديم أفكار وآراء يتم اختيار منها ما يناسب التطبيق وهذا لا يتم إلا بالمشاركة الفعالة من قبل العاملين.

2ـ إغناء العمل Job Enrichment

يقصد به جعل الوظيفة المُناطة بالفرد غنية بمسؤولياتها ومضامينها وتتيح الفرصة للفرد لكي يستخدم طاقاته ومهاراته مما يزيد تحضير الفرد ويجعله مقبلاً على أداء وظيفته. ويتضمن مفهوم إغناء العمل أن لا يكون العمل سطحياً أو هامشياً. وأن يتيح للموظف حرية التفكير بالبدائل والطرق الأفضل، وألا يلتزم بروتين عقيم يحد من الإبداع

Pasmore.W, Friedlander, An Action Research, New York, ASQ, 1992, P343 -1

والتطوير. كما يتضمن مفهوم إغناء العمل تحقيق تغذية عكسية من الوظيفة للموظف أي أن يؤدي العمل بالموظف إلى مزيد من الخبرة والمهارة ويعود تطبيق المنظمة لأسلوب إغناء العمل بالنفع والفائدة على المنظمة وعلى العاملين بالنماء والبقاء.[1]

وكمثال على إغناء العمل فإن وظيفة كاتب النصوص على جهاز الكمبيوتر يمكن إغناؤها من خلال قيامه بإخراج وتنسيق النصوص أثناء كتابتها، أو التأكد من خلوّها من الأخطاء وقيامه بحفظها وتنسيقها ضمن ذواكر الجهاز ونسخ نُسخ احتياطية.

3ـ توسيع العمل Job Enlargement

يختلف أسلوب توسيع العمل عن أسلوب إغناء العمل، من حيث أن توسيع العمل يتضمن إضافة مهام نوعية تؤدي إلى زيادة التنويع وإزالة الضجر أو الملل الناجم عن أداء حركات أو أعمال محددة ومتكررة، بينما لا يتضمن إغناء العمل سوى زيادة المسؤوليات ضمن نفس المهمة.[2]

وكمثال على أسلوب توسيع العمل: في حال تكليف معيد في الجامعة بجمع الدرجات المعطاة من قبل الأساتذة في دفاتر الامتحانات، لن يكون هذا عملاً مغرياً لمتفوق في دراسته الجامعية ولجعل العمل أكثر ملاءمة لا بدّ من إضافة مهام أخرى كتكليفه بإعداد كشوف بالدرجات أو استخراج نسب النجاح والرسوب أو أن يتولى الدخول إلى قاعة الدرس مع الأستاذ ليساعده في حل التمارين العملية.

1- Hackman.J, , A New strategy for job Enrichment, California Management Review, P57, 1995

2- مرجع سابق (الكبيسي/ص53/2006)

4ـ تدوير العمل Job Rotation

يقوم الموظف بموجب هذه الطريقة بالانتقال بين عدة وظائف ولفترات مؤقتة قبل أن يستقر في وظيفته الأخيرة، تساعد هذه الطريقة في تعرّف الموظف على بيئة العمل المحيطة به ويطّلع على الوظائف الأخرى فيحسن التعامل مع القائمين عليها ويعرف مسؤولياتهم وما يقع ضمن اختصاصهم. وتمكن هذه الطريقة استبدال الأفراد الغائبين بمن ينوب عنهم عند الضرورة. بالإضافة إلا أن هذه الطريقة توسّع مدارك الأفراد وتزيد من خبراتهم ومهاراتهم.[1]

وكمثال على أسلوب تدوير العمل: تطبق المصارف هذه الطريقة ضمن هياكلها حيث ينتقل الموظف بين الوظائف المختلفة ضمن نفس المستوى التنظيمي، وتم تطبيق هذه الطريقة وبنجاح على مستوى المصارف الوطنية ونذكر منها: المصرف التجاري والمصرف الصناعي.

5ـ الإدارة بالأهداف Management by Objectives

بموجب هذا الأسلوب يجتمع مسؤولو الوحدات للمشاركة في تحديد الأهداف العامة ثم الأهداف الفرعية لوحداتهم وتحديد أوقات الإنجاز وذلك ليكونوا هم أنفسهم متحمسين وملتزمين بالتنفيذ ومراقبة عملهم اليومي والأسبوعي ذاتياً وتكون مهمة الإدارة هي التأكد من تحقيق المهمات ضمن الوقت المحدد وبالشكل المطلوب دون أن تتدخل بشكل مباشر وتفصيلي بالأعمال اليومية.

1- مرجع سابق (الكبيسي/ص53/2006)

ومن صعوبات تطبيق هذا الأسلوب بحسب أحـد أهـم مؤسـسي هذا المفهوم (دراكر):

أ ـ تعذر تفريغ الأهداف العامة إلى أهداف فرعية.

ب ـ صعوبة قياس كل الأهداف كميّاً.

ج ـ المخاطر التي تنتج عن انتهاء الوقت المحدد وعدم تحقيـق الأهداف وبالتالي فوات فرصة المعالجة.[1]

6 ـ الشبكة الإدارية Managerial Grid

بمقتضى هذا النموذج يـستطيع الـمشاركون بالبرنـامج التطويري أن يكتشفوا نمط القيـادة لـديهم ونمـط القيـادة لـدى الـمشاركين الآخـرين ليقارنوا بين فاعلية الأنماط وكفاءتها.

1- مرجع سابق (Drucker. The Practice of Management)

وتتناول هذه الشبكة خمسة أنماط:

9/1								9/9
				5/5				
1/1								1/9

الاهتمام بالعمل (المحور الرأسي)

الاهتمام بالعاملين

النمط (1/1)	المدير المنسحب لا يهتم لا بالعمل ولا بالعاملين.
النمط (1/9)	المدير الاجتماعـي يهـتم بالعـاملين عـلى حـساب العمل.
النمط (5/5)	المدير المتأرجح يوزع اهتمامه بين العمل والعاملين.
النمط (9/1)	المدير المنتج المهتم بتحقيق أعلى إنتاج وأقل رضا.
النمط (9/9)	المـدير الفرقـي والمفـضل الـذي يحقـق أعـلى إنتـاج وأعلى رضا.[1]

1- علي محمد عبد الوهاب، (التدريب والتطوير: مدخل عملي لفعالية الأفراد والمنظمات)، معهد الإدارة العامة، الرياض، 1991

ويجب على المشاركين في هذه الطريقة أن يختاروا بأنفسهم الأسلوب الذي يجعلهم يتحولون إلى النمط المفضل والذي يوفق بين تحقيق أعلى إنتاج وأعلى رضا للعاملين.

7 ـ تدريب الحساسية   Sensitivity Training

يركز هذا النمط السلوكي الجديد للتدريب على إحداث تغيير في عادات ومهارات واتجاهات وسلوك الأفراد، على أن يتم ذلك أثناء عملية التدريب وعبر تفاعلاتها غير المخططة، وحيث تتم زيادة حساسية الأفراد نحو سلوكهم الذاتي وسلوك الآخرين وزيادة مرونتهم وقدرتهم للتغيير الذاتي من خلال تعلم نمط سلوك إيجابي مشاهد، أو استشعارهم لجوانب النقص في السلوك الذاتي.[1]

وتستلزم برامج تدريب الحساسية تهيئة نفسية وخلق أجواء مشجعة للتعامل بصراحة ووجود خبراء متمرسون في العلوم السلوكية.

8 ـ تحسين نوعية بيئة العمل   QWL

(Quality of Working Live)

يعني هذا المصطلح كل الجهود الرّامية لتحسين حياة العاملين بالمنظمات وقد تطورت هذه الجهود فبدأت تحت مسمى دوائر النوعية (Quality circles)، الإدارة التشاركية والسلامة العقلية للعاملين.

أما اليوم فقد أصبحت نظرة حضارية وفلسفية عملية تضع الإنسان في مكانه السليم وتحرص على عدم الإساءة إليه بشكل مادي أو معنوي

1- إبراهيم العمري، (التطوير التنظيمي)، معهد الإدارة العامة، الرياض، 1995.

والحفاظ على كرامته وذلك كله من خلال أنسنة ظروف العمل ووضع التشريعات الحامية والضامنة لحقوقه والمانعة لتعسف الإدارة. وحديثاً فقد طغى مصطلح (إدارة الجودة الشاملة) على غيره من المفاهيم في هذا الشأن.[1]

إن نظرية (إدارة الجودة الشاملة) قد حققت نتائج إيجابية عند تطبيقها في ميادين العمل وأصبحت اتجاهاً مهماً من ضمن اتجاهات التطوير والتنمية الإدارية.

9ـ التحول التنظيمي Organizational Transformation

يعبّر هذا المصطلح عن التغيير الجذري والتحول السريع الواسع النّطاق الذي من شأنه أن يغيّر تعامل المنظمة ببيئتها أو يقلب تقنياتها وأساليبها رأساً على عقب أو يجعلها تتحول إلى منتجات جديدة، أي هي عكس التغيير التدريجي التراكمي المعتمد على خطة طويلة الأمد.

وتوصف هذه الطريقة بأنها طريقة ثورية وتحولية ومفاجئة في حجم وسرعة التغيير ومركزيته.

ويرى أحد الباحثين أن المبررات أو الأسباب الداعية لتبني (التحول التنظيمي) هي:

ـ التحولات البيئية سواء في سوق العمل أو السلع أو المنافسين أو الزبائن أو التكنولوجيا.

ـ ظهور الأزمات.

ـ التغيرات السياسية والتشريعية الحكومية.

1- Walton.R, (Quality of working life), sloan Management Review, P636, 1983

وبشكل عام إن طريقة (التحول التنظيمي) هي طريقة التغيير الأكثر ملاءمة لتحوّل المنظمة عندما تصبح أوضاعها الحالية غير قابلة للاستمرار.[1]

ـ إضافة لما تقدم هناك فريق من الباحثين يميل إلى اعتماد التصنيف التالي لأساليب التطوير التنظيمي:

- **أساليب هيكلية: Structural techniques**

تتضمن الأساليب الهيكلية تغيرات في الهيكل التنظيمي الرسمي ودرجات التعقيد والرسمية والمركزية التي ينطوي عليها كأن يتم تجميع مسؤوليات الأقسام أو التقليل من عدد المستويات الإدارية أو توسيع نطاق الإشراف أو التوسع في اللامركزية وتسريع عملية اتخاذ القرار.. كذلك تتضمن التعديلات في اللوائح والأنظمة كأن يتم اختصارها على الخطوط العريضة وترك مجال كاف من حرية التصرف، كذلك التعديل في الأعمال كتوسيعها وإغنائها أو تنويع المهام وتدويرها وكذلك تحسين قنوات الاتصالات ويمكن اعتبار جهود تعديل ثقافة المنظمة وإعادة تصميم عمليات التكيف الاجتماعي وتعديل أنظمة المكافآت والجزاءات من ضمن الأساليب الهيكلية.

- **أساليب العملية الإنسانية Human Process Techniques:**

تتوجه أساليب العملية الإنسانية في تداخلات التطوير التنظيمي نحو التأثير في اتجاهات وسلوكيات أفراد التنظيم بهدف تغييرها في

1- Dunphy.D.C, stace P.A, Transformation and coercive stratiges for O.D, 1995, P 317)

الاتجاه الذي يخدم غايات المنظمة وهناك العديد من الأساليب المستخدمة في هذا الشأن كتدريب الأحاسيس، بناء الفريق، فض النزاعات، الإدارة بالأهداف، التغذية العكسية، التدريب الشبكي، الاستشارة الأدائية ....إلخ.[1]

ـ ويرى أحد الباحثين اعتماد التصنيف التالي لأساليب وضع التطوير التنظيمي موضع التنفيذ:

• أسلوب التدخل في الإجراءات: وهو يمثل نقد وتحليل العمليات التي تتم لتقرير فيما إذا كانت طريقة الأداء هي الأمثل.

• أسلوب التدخل في العلاقات: وهو يركز على العلاقات الشخصية بين الأفراد.

• أسلوب التدخل التجريبي: ويتم بموجبه اختيار طريقتي عمل مختلفتين قبل أن يتم اتخاذ القرار النهائي.

• أسلوب التدخل في الهيكل التنظيمي: وهو يدعو إلى فحص وتقويم فعالية الهياكل التنظيمية.

• أسلوب التدخل الثقافي: وهو يتفحص التقاليد، الإجراءات، الممارسات العملية، القيم السائدة...[2]

إن وسائل التطوير التنظيمي ليست محصورة بما تم ذكره في هذا البحث حيث تقدم الأبحاث الإدارية الحديثة باستمرار وسائل جديدة يمكن استخدامها في حقل التطوير التنظيمي، كما أن الترابط الوثيق

.

1- Fried Lander, Brown L.D organizational Development, London, 1994, P313,
2- French, Wendell, (organizational Development), Boston, 1993.

بين الحقول المختلفة لعلم الإدارة يتيح الاستعانة بوسائل وآليات عديدة غير المذكورة سابقاً.

حيث يمكن الاستفادة من الطرائق المتبعة في حقل التدريب والتدريب الوظيفي بشكل كبير في مجال التطوير التنظيمي وسنحاول أن نتوسع في هذا الاتجاه ضمن مبحث آليات التطوير التنظيمي...

كما أن الاستراتيجيات المتبعة ضمن حقل التطوير التنظيمي كالهندرة وغيرها تقدم وسائل أخرى يمكن استخدامها لإنجاح جهود التطوير التنظيمي...

ولعل الخصوصية الكبيرة لكل منظمة والتطور المتسارع للبيئة الداخلية والخارجية للمنظمات السبب الرئيسي وراء تنوع الوسائل والأساليب الممكن إتباعها للنهوض بمهمة التطوير التنظيمي.

ثانياً ـ إستراتيجيات التطوير التنظيمي

لقد تطورت الإستراتيجيات المستخدمة في التطوير التنظيمي خلال العقود القليلة الماضية، حيث أن الطريقة التقليدية التي كانت تعنى بالمديرين والمشرفين بصفتهم الفردية وقدّمت لهم البرامج التدريبية التي زودتهم بالمعارف المؤدية إلى زيادة مهاراتهم الفردية، هذه الطريقة لم تهتم بعلاقة هؤلاء المديرين بزملائهم العاملين معهم أفقياً وعمودياً في إطار فريق العمل أو جماعة العمل. ولمعالجة هذا الخلل، نظرت أبحاث التطوير التنظيمي إلى الفرد نظرة متعمقة أكثر من النظرة التقليدية المبنية في أساسها على نظرية ماسلو في الحوافز والدوافع والتي لم تلحظ الفروقات

بين الأفراد واعتبرتهم يخضعون لنفس السلم من الحاجيـات وبالتالي يمكن وضع سلم واحد من الحوافز لهم.

تنظر أدبيات التطوير التنظيمي إلى الفرد بوصفه متميزاً عن غيره بما له من أحاسيس وعواطف وقيم واتجاهات وعادات ومهارات مـما يجعل عملية تدريبه وتعليمه عملية متجددة وليست نمطية.

ومـن هـذه النظرة فقـد قـدّم الفكـر التنظيمـي عـدداً مـن الاسـتراتيجيات التي يمكـن الاستفادة منهـا ضـمن حقـل التطويـر التنظيمي:

1-إستراتيجية التدخل الخارجي (تدخل الطرف الثالث):

(Third party intervention strategy)

وهي منهجية تطبق عندما يتعلق الموضوع بشخصين أو قسمين أو مـستويين مـن المـستويات التنظيميـة وقـد يكون الطرف الثالـث مـن العاملين في المنظمة نفسها إلا أنه ليس طرفاً في المشكلة المـراد حلها أو الظاهرة المعالجة. وقد يكون الطرف الثالـث خبيراً يعمـل في المنظمـة كمستشار دائم أو مؤقت أو قد يكون أحد بيوت الخبرة المتخصصة.

ويفـترض في الطـرف الثالـث اعتمـاده نظـرة محايـدة وعـدم تـأثره بالنتائج مما يجعله أكثر حرية في طرح الآراء والأفكار ويفترض أيضاً توفر الخبرة والمهارة فيه مـما يجعلـه أهـلاً للقيـام بالتحليـل والتحكيم وطرح الآراء لمعالجة المشاكل والظواهـر السـلبية. إلا أن مـشكلة هـذه الاستراتيجية كونها تطبق في حل بعض القضايا والمشكلات الطارئة وقد لا تكون مناسبة للجهود المستمرة والمنهجيـة للتطويـر التنظيمـي إلا في مجال كون الطرف الثالث يتمتع بالتفرغ في قـضايا التطوير التنظيمـي

المتخصصة كأن يكون بيت خبرة إداري أو قسم للتطوير ضمن البنـاء الهيكلي للمنظمة.

2- إستراتيجية التطوير التنظيمي المقدمة من الباحث (كيريلوف): قـدّم الباحـث (Kuriloff) في كتابـه (Organizational Development for survival) إسـتراتيجية للتطويـر التنظيمـي لاقـت قبـولاً واسـعاً مـن البـاحثين وتطبـق هـذه الإسـتراتيجية وفـق خطوات منطقية كالآتي:

ــ التعـرف عـلى المـشكلة ذات العلاقـة والمـؤثرة سـلباً عـلى الإنتاجية.

ــ جمع المعلومات والحقائق التي تتعلق بالمشكلة.

ــ تشخيص المشكلة.

ــ تطـوير إسـتراتيجية لحـل المـشكلة ويـشمل ذلـك تـوفير المعلومات للأفراد على المستوى المناسب وإشراكهم في تطوير الإستراتيجية.

ــ تطبيق الإستراتيجية من خلال تدخلات في موقف محدد.

ــ تقويم النتائج بعد فترة كافية.

ــ إعادة عملية التدخل طبقاً للتغيرات والمعلومـات التـي تـمّ الحصول عليها عن الإنجاز.[1]

3- إستراتيجية بناء مصفوفة الأداء المتوازن:

إن هذه الإستراتيجية هي من الاستراتيجيات المهمة المنبثقة عن حقل الإدارة الإستراتيجية وتأتي أهميتها بكونها أداة رئيسية للتقييـم مـن جهـة

1- مرجع سابق (أبو نبعة/ص78/2001)

ووسيلة لدمج رؤية وأهداف المنظمة في الحياة اليومية للمنظمة على شكل إستراتيجية محددة للتغيير والتطوير...

وللبدء في هذه الإستراتيجية يجب أن يحدد الفريق القائم بالمشروع الوضع الحالي للمنظمة. وهناك قائمة مراجعة مقترحة في هذه الإستراتيجية مكونة من تسعة نقاط لتحديد موقع المنظمة والانطلاق في بناء مصفوفة الأداء المتوازن:

1. ارسم خريطة للقدرات الحالية للأفراد والفرق باستخدام أسلوب التقييم الذاتي بالقياس إلى معايير المفاضلة المعيارية الدولية.

2. حاول رسم خريطة لقدرات المنافسين الحاليين بنفس الأسلوب.

3. تعرف على أولويات تنمية الموارد البشرية والتعلم المؤسسي المتماشية مع نواحي الميزة التنافسية.

4. قم بإنشاء نظم للمعلومات الإدارية لجمع بيانات أفضل عن رضا العملاء والموظفين.

5. ضع خططاً للتصدي لعوامل (الصحة) وهي القضايا الأساسية مثل بيئة العمل والأجر الأساسي والصحة والسلامة في العمل...إلخ وهذه العوامل هي التي إن لم يتم التعامل معها سيكون لها تأثير سلبي مستمر على دافعية الموظفين ومعنوياتهم.

6. خطط (عوامل التحفيز) أي خطط لمكافأة أولئك الذين يساهمون بشكل أكبر في تحقيق المكاسب مع التركيز على التقدير ومكافأة النجاح الجماعي مع بعض التنويهات

الشخصية والتي لا تكلف شيئاً ولكنها تعني الكثير للأشخاص المعنيين.

7. قم بإيصال الرؤية والرسالة والأهداف الإستراتيجية بشكل متواصل لكي يتوضح لأي موظف الكيفية التي تترابط بها أهداف الأداء الفردية بشكل مباشر ومنطقي مع مجالات النتائج المؤسسية الحيوية الثلاثة وهي : رضا العملاء، المرونة وسرعة الاستجابة، الإنتاجية المحسنة.

8. اجعل جميع الأهداف للأفراد والفرق محددة وقابلة للقياس وقابلة للتحقيق ومتفق عليهما وموجهة نحو النتائج ووثيقة الصلة وذات جدول زمني قدر الإمكان.

9. قارن معدلات التحسين ليس فقط بالخطط ولكن أيضاً بتقدم المنافسين وتوقعات العملاء.[1]

ـ بعد هذه الخطوة يجب على إدارة الفريق أن تنفذ نموذج التشخيص والتحسين وهو على الشكل التالي:

• اكتسب الوعي ودرّب الجميع على اكتساب الوعي بالفجوات بين معايير تقديم الخدمة الحالية والمرغوبة.

• حدد طبيعة ومدى خطورة هذه الفجوات.

• حدد الأسباب المحتملة لها سواء المتصلة بالنظم أو بقدرات الموظفين.

• أعد خطة عمل لتقليل العقبات والمقاومة.

1- بيتر ج ريد، (القيادة المتميزة)، ترجمة علا أحمد، مجموعة النيل العربية، 2005، ص150.

- قيّم التحسينات من خلال التقييم الـذاتي والتقيـيم الخارجي المستقل.

- تأكد هل حلت المشكلات.

- راجع الوضع الجديد.[1]

ولهذه الإستراتيجية مكونين أساسيين: مهنـدس أو خـبير استـشاري يمتلك رؤية واضحة وإطاراً وفلسفة ومنهجاً لتصميم وتطوير النظـام الإداري الجديد وعميل يشارك مشاركـة كاملـة في المشروع وتـؤول لـه ملكيته في النهاية والعميـل هـو عـادة الفريـق التنفيذي في المنظمـة ويجب أن يدرك العميـل هنـا أن مسـؤولية مصفوفة الأداء المتـوازن والنظام الإداري الذي سيبنى حولها تقع على عاتق الـرئيس التنفيذي والفريق التنفيذي، فبالرغم أن الاستشاري هو المحفـز للعمليـة إلا أن قيادة المنظمة هي التي يجب أن تكون المهندس الحقيقي.

4-إستراتيجية إعادة الهندسة الإدارية (الهندرة)
Reengineering strategy:

إن هذه الإستراتيجية مهمـة وتعتبر مـن الاستراتيجيات الحديثـة التي يمكن الاستفادة منها في حقل التطـوير التنظيمـي، حيـث يفضل استخدام هذه الإستراتيجية في الحالات التي يصبح فيهـا لزامـاً التغيـير الجوهري في بنيـة المنظمـة وطبيعـة عملياتها ونـشاطاتها ويمكـن أن نحدد مفهوم (الهندرة) كالتالي:

1- مرجع سابق (بيتر ج ريد، 2005، ص153)

((إعادة التفكير المبدئي والأساسي وإعادة تصميم نظم العمل بصفة جذرية من أجل تحقيق تحسينات جوهرية فائقة في معايير الأداء الحاسمة مثل التكلفة والجودة والخدمة والسرعة وذلك باستخدام تكنولوجيا المعلومات المتطورة كعامل تمكين أساسي يسمح للمنظمات بإعادة هندسة نظم أعمالها.[1]

ومن خلال هذا التعريف يمكن أن نحدد المنطلقات الأساسية للهندرة وهي:

1. تحليل شامل وأساسي للواقع الحالي وتحديد الواقع المرجو للمنظمة.
2. التركيز على العمليات.
3. إحداث تغييرات جذرية.
4. تحقيق تحسينات فائقة لا يمكن تحقيقها بالسبل التقليدية.

وقد حدد فريق آخر من الباحثين (هامر وسمبثي) مفهوم الهندرة كالتالي:

((البدء من جديد، أي من نقطة الصفر وليس إصلاح وترميم الوضع القائم أو إجراء تعييرات تجميلية تترك البنى الأساسية كما كانت عليه، كما لا يعني ترقيع الثقوب لكي تعمل بصورة أفضل بل يعني التخلي التام عن إجراءات العمل القديمة الراسخة والتفكير بصورة جديدة ومختلفة في كيفية تصنيع المنتجات أو تقديم الخدمات)).[2]

1- ليل سبنسر، (هندرة الموارد البشرية)، ت: عثمان شمس الدين، دار شعاع، القاهرة، 2000، ص18.

2- (Jones Mattew, International Encyclopedia of Business and Management, 2006)

وفي هذا التعريف يركز الباحثان على ضرورة التفكير بطريقة جديدة كلياً كمنطلق للتغيير الشامل وهذا يستدعي البدء في تحديد الأهداف المرجوة ثم تحديد طرائق تحقيق هذه الأهداف وليس محاولة تقويم وتحسين الأوضاع الحالية بهدف الوصول إلى وضع أفضل.

كما يمكن أن نضيف التعريف التالي للباحث (اللوزي) والذي حدد فيه الهندرة بأنها ((ذلك الانتباه الحاد والحذر في الفجوة التنظيمية بين التنظيمات القائمة فيما يتعلق بمستويات الأداء والإنتاج من خلال العمل على تطوير وتحديث أساليب العمل بشكل يساعد على إحداث طفرة في الأداء خلال فترة زمنية قصيرة)).[1]

وقد ركز هذا التعريف على وجود فجوة تنظيمية بين الواقع الحالي للمنظمة والواقع المرجو وبين أن الهندرة تهدف إلى إحداث الطفرة المرجوة خلال فترة زمنية قصيرة ولعل هذا من الاختلافات الجوهرية التي تميز الهندرة عن استراتيجيات التطوير التنظيمي الأخرى التي يتطلب تطبيقها والوصول إلى النتائج المرجوة منها فترة زمنية طويلة.

وقد حدد أحد الباحثين وجود ثلاثة أنواع من المنظمات بحاجة إلى تطبيق (الهندرة):

ــ منظمات في وضع التدهور: هي منظمات تعاني من ارتفاع مضطرد في تكاليف التشغيل مما يبعدها عن المنافسة أو تدنت خدماتها وجودة منتوجاتها مما يؤدي إلى ابتعاد عملائها عنها.

ــ منظمات لم تصل إلى وضع التدهور بعد: وهنا تتوقع إدارة المنظمة بلوغ التدهور في المستقبل القريب حيث تكون الأوضاع المالية للمنظمة في

1- سليمان أحمد اللوزي، (التطوير التنظيمي ــ أساسيات ومفاهيم)، دار الفكر، عمان، 1999.

وضع لا بأس به ولكن هنـاك مـؤشرات تنـذر بالوصـول إلى التدهـور كظهور منافسين جـدد أو التغيـير في أذواق العمـلاء أو في القوانين أو البيئة الاقتصادية مما يهدد بقاء الشركة ونجاحها.

ـ منظمات بلغت قمة التقدم والنجاح: وهي مـنظمات لا تواجـه صعوبات ملموسة ولا تظهر مؤشرات التدهور ولكن تتميز إدارة هذه المنظمات بالطموح والإبداع الحقيقي وعملية الهنـدرة في هـذا النـوع من المنظمات تتمثل في توسيع الفرق بينهـا وبين منافسيها وتحقيـق معدلات قياسية في الأداء.[1]

وقد حدد الباحث (Hammer) مبادئ الهندرة فيما يلي:

ـ تقوم الهندرة على عدد مـن المبادئ الأساسية والتـي يمكـن أن نحددها بما يلي:

● دمج عدة وظائف في وظيفة واحدة.

● الموظفون يتخذون القرارات ويصبح اتخـاذ القرار جـزء من عمل الموظف.

● تنفيذ خطوات العمليات حسب طبيعتها.

● تعـدد وتنـوع خـصائص العمليـات لـكي تتناسب مـع الحالات الإنتاجية المختلفة.

● إنجاز العمل في المكان المناسب.

● خفض مستويات الرقابة والمراجعة واستخدام الضوابط الرقابية في حدود فعاليتها وجدواها الاقتصادية فقط.

● تقليل الحاجة إلى مطابقة المعلومات.

1- مرجع سابق (عبوي، 2006، ص226)

● إدخـال مفهـوم مـدير العمليـة بـالأخص عنـدما تكـون خطوات العملية معقدة أو موزعة بـين جهـات ومواقـع مختلفـة فيقـوم مـدير العمليـة بالتنـسيق بـين أطراف العملية ويظهر أمام العميل كجهة مسؤولة عن العملية بأكملها.

● الجمـع بـين المركزيـة واللامركزيـة وذلـك مـن خـلال اسـتخدام تقنيـة المعلومـات المتطـورة والتي تمكـن الإدارات من العمل بـصورة مـستقلة وفي نفـس الوقـت يتم الاسـتفادة مـن مزايـا المركزيـة عـن طريـق ربط الإدارات بشبكة اتصالات موحدة.[1]

ولكي نطبق الهندرة لا بد من اعتماد منهج علمي يحدد خطوات القيام بالهندرة وقـد اقـترح أحـد البـاحثين الخطوات التاليـة كمـنهج لتطبيق الهندرة:

1. الإعداد والتخطيط.
2. دراسة العمليات الحالية.
3. الاستماع لصوت العميل.
4. الاقتداء بالنماذج الناجحة.
5. تصميم العمليات الجديدة.
6. التطبيق والمتابعة.[2]

بعد أن قمنا باستعراض مفهوم الهندرة والمنظمات التي تطبق بها ومبادئها الأساسية ومنهاج تطبيقها يمكن أن نحدد أهم الفوائد التي

1- (J.Mattew, International Encyclopedia of Business and Management, 2006)
2- العمري، ، (الهندرة عصر جديد في إدارة الأعمال)، مجلة العالم – ع215، 1996.

يجنيها التنظيم من خلال تطبيق الهندرة وقد حددها أحد الباحثين كما يلي:

1. تجميع الأعمال ذات التخصصات الواحدة في مكان واحد يؤدي إلى توفير الوقت المستغرق في تقديم الأعمال كذلك توفير الجهود والتكاليف.

2. تكوين فرق العمل المتخصصة في أداء الأعمال وفيها تكون الوظائف مكونة من أعمال مركبة والمسؤولية مشتركة بين الأعضاء.

3. يتحول عمل الموظفين من العمل المراقب إلى العمل المستقل حيث تتطلب الهندرة موظفين قادرين على تأسيس القواعد والتعليمات بأنفسهم وقادرين على الإبداع والمبادرة.

4. يتحول التركيز في معايير الأداء والمكافآت من الأنشطة إلى النتائج حيث تعتمد الهندرة المكافآت والتعويض على أساس الناتج النهائي للعمل وبشكل جماعي.

5. تتحول معايير الترقية من الأداء إلى القدرة أي تتم الترقية إلى وظيفة أعلى بناءً على قدرات الموظف وليس أدائه حيث أن الأداء يقابله المكافأة أما قدرات الموظفين فتقابلها الترقية.

6. إحداث تغيير في ثقافة المنظمة من خلال ترسيخ فكرة أن أهم ما في المنظمة هو تقديم خدمات ذات جودة عالية للعملاء.

7. يتحول التنظيم من هرمي إلى أفقي وذلك بسبب تشكل فرق العمل والتي تقوم باتخاذ القرار وتحمل المسؤوليات.

8. يتحول المسؤولون من مراقبين إلى قياديين.

9. يتحول المدراء من مشرفين إلى موجهين.[1]

من خلال ما تم ذكره سابقاً فإن (الهندرة) هي إستراتيجية مهمة في إطار عملية التنمية والتطوير التنظيمي الشامل وهي تتكامل مع المفاهيم الأخرى كمفهوم الجودة الشاملة ومفهوم الإدارة الإستراتيجية ولعل ما يميز الهندرة بشكل أساسي هو تحقيق أهداف المنظمة في فترة زمنية وجيزة من خلال إحداث تغيرات جذرية وبشكل تدريجي مما يتطلب من الإدارة المتابعة والرقابة اليومية.

ومن الأمور المهمة التي تساعد في إنجاح تطبيق (الهندرة) أن تكون المنظمة قد طبقت مفهوم الجودة الشاملة وسلسلة المواصفات العالمية (Iso 9000) كما يجب أن تمتاز الإدارة بالقناعة التامة بالحاجة إلى تطبيق (الهندرة) حيث تنطلق الهندرة من الإدارة العليا إلى الإدارة الوسطى فالدنيا.

1- مرجع سابق (عبوي، 2006، ص231)

الفصل الثاني

التطوير التنظيمي أهدافه ومتطلبات تحقيقه وآلياته

مقدمة الفصل الثاني

يضم الفصل الثاني ثلاثة مباحث سيتم السعي من خلالها لإظهار أهداف ومتطلبات تحقيق عملية التطوير التنظيمي و ضرورات تطوير الهيكل التنظيمي وبعض الآليات الممكن تطبيقها في حقل التطوير التنظيمي.

يتطرق المبحث الأول إلى أهداف عملية التطوير التنظيمي وبلورة النقاط الأساسية التي تتمحور حولها عملية التطوير التنظيمي كما يبحث في مقومات التطوير التنظيمي ويؤكد على ضرورة تناسب جهود التطوير التنظيمي مع القيم والأخلاق العامة ومع الحضارة التنظيمية والحضارة الوطنية للمنظمة المراد تطبيق نظريات التطوير التنظيمي فيها. كما يؤكد على حتمية مراعاة وتطبيق مبادئ التغيير.. كما يحدد هذا المبحث المستلزمات الإدارية لنجاح عملية التطوير التنظيمي.

في المبحث الثاني سيتم البحث في مفهوم و أهمية الهيكل التنظيمي مع تحديد العوامل المؤثرة في بناءه و تحديد اتجاهات تصميمه و خصائصه البنيوية و حتمية تطويره.

في المبحث الثالث سيتركز البحث على آليات التطوير التنظيمي حيث سيتم التعمق في آليات تطوير القوى العاملة وآليات تطوير الأنظمة والإجراءات وآليات تطوير الهياكل التنظيمية وآليات تطوير التكنولوجيا وطرائق العمل. مع التركيز على مفهومي تبسيط الإجراءات والأتمتة الإدارية.

المبحث الأول

أهداف ومقومات التطوير التنظيمي ومستلزمات تطبيقه

أولاً ـ الأهداف العامة للتطوير التنظيمي

تسعى المنظمات من خلال تطبيقها لطرائق التطوير التنظيمي لتحقيق مجموعة من الأهداف من بينها ما قد ينّصبُّ على الأفراد أو على المنظمة بهيكلها التنظيمي وإدارتها والإجراءات الإدارية المتبعة فيها **وقد ذهب أحد الباحثين إلى تحديد الأهداف التالية والتي تسعى جهود التطوير التنظيمي إلى تحقيقها:**

1ـ تحسين فعّالية المنظمة من حيث تحسين الإنتاجية والروح المعنوية وفعالية وضع الأهداف والتخطيط والتنظيم.

2ـ تحقيق إدارة أفضل من الأعلى إلى الأدنى.

3ـ التزام وانسجام أكبر من أعضاء التنظيم في جعل المنظمة أكثر نجاحاً.

4ـ تحسين استخدام فِرق ومجموعات العمل فيما بينها وداخل كل مجموعة.

5ـ فهم أفضل لنقاط القوة والضعف في المنظمة.

6ـ تحسين حل المشكلات والاتصالات وفض النزاعات.

7ـ تطوير بيئة العمل لكي تشجع على الانفتاح والإبداع وتهيئ الفرد للنمو والابتكار.

8 ـ التقليل من السلوكيات الضارة غير الصحيحة.

9ـ زيادة الوعي الفردي والتنظيمي الذي يدعم قدرة المنظمة على التكيف باستمرار لتحقيق بيئة متغيرة في التنافس والتعلم والنمو.

10ـ القدرة على استيعاب واستخدام الأشخاص الجيدين والمنتجين والمحافظة عليهم.[1]

ونلاحظ هنا أن المدخل المستخدم في تحديد الأهداف المتوخاة من جهود التطوير التنظيمي ينّصب بشكل أساسي على تحقيق احتياجات المنظمة. في مقابل ذلك ذهب بعض الباحثين إلى تحديد أهداف التطوير التنظيمي بالانطلاق من الأفراد وحاجاتهم. ويعتبر هذان المدخلان مكملان لبعضهما، **حيث يمكن أن نحدد أهداف التطوير التنظيمي بالنقاط التالية:**

1ـ إشاعة جو من الثقة بين العاملين عبر مختلف المستويات في المنظمة.

2ـ إيجاد انفتاح في المناخ التنظيمي يمكّن كافة العاملين من معالجة كافة المشكلات التي تعاني منها المنظمة بشكل صريح وعدم التكتم عليها.

3ـ توفير المعلومات اللازمة لمتخذ القرار بشكل مستمر ودون تشويه.

4ـ العمل على إيجاد التوافق والتطابق بين الأهداف الفردية والأهداف التنظيمية وبالتالي زيادة درجة الانتماء للمنظمة.

5ـ إيجاد علاقات تبادلية وتكاملية بين العاملين كأفراد وكمجموعات وتشجيع روح المنافسة ضمن الفريق مما يزيد من فاعلية الجماعة.

6ـ زيادة فهم عمليات الاتصال وأساليب القيادة والصراعات وأسبابها من خلال زيادة الوعي بديناميكيات الجماعة.

7ـ مساعدة المشرفين على تبني طرائق إدارية ديمقراطية في الإشراف.

1- Mudman, (Managing Organization: change and Development Don warrick, Science Research Association), 1994, P10

8 ـ جعل العاملين يمارسون الرقابة الذاتية والاعتماد عليها كأساس وبديل للرقابة الخارجية.[1]

ومن المهم الإشارة أن هذه الأهداف ليست بنفس الأهمية لجميع المنظمات وبالتالي يؤخذ عند تطبيق مدخل التطوير التنظيمي مدى أهمية كل هدف من هذه الأهداف ويتم تركيز الجهود بشكل أكبر على تحقيق الأهداف الأكثر إلحاحاً.

ومن العوامل المؤثرة في تحديد أهمية بعض هذه الأهداف حالة المنظمة من حيث بلوغها النضج الإداري أو معاناتها من حالة القصور الإداري مما يجعل من الضروري التركيز على بعض هذه الأهداف لنقل المنظمة إلى حالة النضج الإداري.

وفي ختام هذه الفقرة ومن خلال مراجعة العديد من الأدبيات حول أهداف التطوير التنظيمي تبين لنا أنها تتمحور حول:

ـ رفع درجة كفاءة وفعالية المنظمة في المجالات الإدارية كافة من تخطيط وتنظيم وتنسيق ورقابة بما ينعكس بشكل واضح على تحسين إنتاجية المنظمة.

ـ تطوير ثقافة المنظمة باتجاه خلق ثقافة جديدة مبنية على روح الفريق وتفهم كل من الإدارة والعاملين لأهداف واحتياجات كل طرف.

ـ إعادة تقييم كافة أوجه النشاطات في المنظمة بشكل دوري لمعرفة نقاط الضعف والقوة ووضع استراتيجيات التغيير بناءً على التحليل الدقيق لأوضاع المنظمة.

1- محمد قاسم القريوتي، (السلوك التنظيمي)، دار الشرق، عمان، 1993، ص231.

ـ تعميق تطبيق الرقابة الذاتية وإشاعة جو من الثقة والشفافية عبر مختلف مستويات المنظمة.

ـ بناء القرار بشكل جماعي وتطبيق طرائق ديمقراطية في الإدارة وتوفير المعلومات اللازمة لمتخذي القرار بشكل مستمر ودون تشويه.

ـ تطوير فهم أسباب وآليات التوترات والصراعات في المنظمة والعمل على معالجتها.

ـ تحسين عمليات الاتصال وأساليب القيادة وتشجيع روح المنافسة البنّاءة في المنظمة.

ـ التطوير المستمر لبيئة العمل بما يضمن زيادة مهارات وقدرات العاملين وزيادة ولائهم للمنظمة والإسهام في استقطاب الكفاءات ودمجها في المنظمة.

ثانياً ـ مقومات التطوير التنظيمي ومستلزماته

من الضروري أن يعتمد القائمون على جهود التطوير التنظيمي مجموعة من المقومات التي تساعد في نجاح عملية التطوير. وعند عدم مراعاة هذه المقومات أو المبادئ تتعرض عملية التطوير التنظيمي إلى مشكلات جادة قد تؤدي إلى فشل هذه العملية ويمكن أن نوجز هذه المبادئ كما يلي:

ـ مراعاة القيم والأخلاق العامة.

ـ الانسجام مع الحضارة (الثقافة) التنظيمية.

ـ مراعاة وتطبيق مبادئ التغيير.

ـ الانسجام مع الحضارة (الثقافة) الوطنية.

وفيما يلي نقدم شرحاً لهذه المبادئ:

* مراعاة القيم والأخلاق العامة

قد يرى البعض في قيم وأساليب التطوير التنظيمي تدخلاً في بيئة العمل والحياة الخاصة للمنظمة وفرض قيم غريبة عليها. إن التطوير التنظيمي يقوم على إدخال قيم الثقة والانفتاح والاحترام والمساواة واللامركزية وعمل الفريق، وقد يعتقد البعض أن هذه القيم تحد من صلاحيات الإدارة أو تعد تدخلاً في شؤونها عدا عن ميل البعض إلى استغلال هذه القيم لتحقيق مآرب خاصة...

من الممكن تجنب هذه الآثار السلبية من خلال السعي لتحقيق المصلحة العامة، ومصلحة أكبر عدد ممكن من الأفراد حيث أن الغاية من التطوير التنظيمي هي الكشف عن المشكلات وتحسين أداء العاملين والمنظمة ومواجهة التغيرات بكفاءة وفعالية ولذلك من الضروري أن تراعي جهود التطوير التنظيمي القيم والخصوصيات والأخلاق العامة لغالبية العاملين.

* الانسجام مع الحضارة التنظيمية

تعتمد جهود التطوير التنظيمي على قيم الثقة والانفتاح ومواجهة المشكلات وعمل الفريق وقد لا تتناسب هذه القيم مع الحضارة التنظيمية السائدة في بعض المنظمات والتي قد تتصف بالتهرب من المخاطر وإخفاء المشكلات ووجود الكراهية والتحكم المركزي في القرارات والرقابة والتنازع بين الأشخاص والوحدات.

وقد تحدث مجابهة بين قيم التطوير التنظيمي وقيم الحضارة التنظيمية السائدة مما قد يؤدي إلى النفور وإحداث البلبلة وعدم التوافق والانسجام...

وبالتالي فإنه من الضروري تقديم جهود التطوير التنظيمي بحيث لا يحدث صدام مع الحضارة التنظيمية السائدة.[1]

إن نجاح جهود التطوير التنظيمي يعتمد على المقدرة في التلاؤم مع حضارة المنظمة والعمل على تغييرها بشكل تدريجي بما يتلاءم مع قيم ومتطلبات التطوير التنظيمي.

* مراعاة وتطبيق مبادئ التغيير

يمكن عد المنظمة تنظيماً سياسياً يسعى فيه الأفراد والجماعات للتحكم والقوة. وبما أن التغيير قد يهدد القوى القائمة وتوازنها فيما بينها، سيستخدم بعض الأفراد أو الجماعات ما لديهم من تأثير لحماية مصالحهم وجعل التغيير يحافظ على قواهم ومراكزهم وأوضاعهم الحالية.

ففي بداية عملية التطوير يجب أن يتم تحديد مراكز القوى الموجودة ومدى إصرار رجالها على تفشيل جهود التغيير والتطوير، التي لن يكتب لها النجاح دون دعم جماعي وموافقة الأكثرية ومن المقترحات التي يمكن أن تساعد في إحداث التغيير للنجاح في جهود التطوير التنظيمي والأنشطة القائمة بحسب رأي أحد الباحثين ما يلي:

1. إظهار صورة غير مهددة حين تقديم برامج التطوير، بحيث يظهر نشاط التطوير كنشاط إيجابي يخدم المجتمع وليس كمهدد للأنظمة والأنشطة القائمة.

1- محمد عدنان النجار، (إدارة الموارد البشرية والسلوك التنظيمي)، منشورات جامعة دمشق، ص538، 1997.

2. تقديم المناقشات من وجهة نظر جميع الأطراف، وإعطاء فرصة النقاش لكل مقترح تغييري من حيث المزايا التي ستحقق لهذه الأطراف.

3. تشتيت المعارضة عن طريق المناقشات المنفتحة للأفكار ومعالجة النزاعات التي قد تنشأ بإشغال المعارض بمناقشات بناءة والعمل على تحييد العنصر المقاوم العنيد وتقليل فرصه في تفشيل جهود التغيير.

4. إبرام التحالف مع المدراء التنفيذيين وبالأخص المدراء المتأثرين بالتغيير مباشرة إضافة للسعي للحصول على دعم الإدارة العليا.

5. التفاوض والتحاور فيما بين الأطراف نظراً لأن عملية التغيير والتطوير عملية مستمرة فقد يخفف المعارضون من مقاومتهم إذا تأكد لهم إجراء تغييرات أخرى يحبذونها.

6. البدء بعملية التطوير على شكل تجربة حيث ستخف المقاومة إذا بدأ التغيير كتجربة فالأثر المؤقت أقل تهديداً ووجوده يسهل من التغيير الدائم فيما بعد.

7. البدء التدريجي لعملية التطوير مما يعزز الفرص الإيجابية ويقلل من احتمالات الفشل التي قد تظهر ويصبح من السهل معالجتها.[1]

وبالتالي نستنتج أنه من الضروري على من يحدث التغيير أن يتعاون مع مراكز القوى المختلفة إضافة لحيازته للمهارات المطلوبة وسلطة المكافأة والمعاقبة.

1- (SCHEIN.V.E, organizational Realities, training and development journal P39,
(1995,

* الانسجام مع الحضارة الوطنية

تدل الدراسات الحديثة على ضرورة تباين أساليب وإستراتيجيات التطوير التنظيمي حسب البيئة الوطنية للمجتمع.

فالقيم التي يعتمد عليها التطوير التنظيمي قد تناسب بعض البلدان أكثر من غيرها وكلما تحقق التلاؤم والانسجام بين قيم المجتمع وقيم التطوير التنظيمي كانت جهود التطوير التنظيمي أكثر نجاعة.

وقد أكدت الأبحاث أن البلدان التي تثمن عالياً قيم المساواة والمجابهة وتحمل المخاطر والتعبير عن المشاعر والتعاون تنجح فيها جهود التطوير التنظيمي بشكل أفضل.[1]

كما أن اعتماد المبادئ التالية يساعد على تحقيق نوع من الانسجام بين إجراءات التطوير التنظيمي وبين القيم الحضارية للبلد المراد تطبيقها فيه:

1. تقويم ترتيب الأبعاد الحضارية في الحالة المعنية.

2. تحديد أي من هذه القيم يتمسك بها أفراد المجتمع بقوة ومن الصعب تغييرها.

3. تقويم خطط التطوير من حيث تلاؤمها وانسجامها مع الحضارة في الحالة المعينة.

ومن وجهة نظر أخرى يرى الباحث (أبو نبعة) أنه لا بد من توفر شروط معينة لنجاح عملية التطوير التنظيمي ويحددها كما يلي:

1. أن تخضع المنظمات للعديد من الضغوط الداخلية والخارجية لتقوم بعمليات التحسين والتطوير.

1- (Jagger.A.M, organizational Development and national culture, Academy of management Review, P178, 1995)

2. أن يأخذ التدخل مكانه في أعلى التنظيم على شكل محفزٍ على التغيير.

3. أن تأخذ الإدارة العليا على عاتقها دوراً مسؤولاً في عملية التطوير.

4. أن يتم حدوث الأفكار والأساليب الجديدة لحل المشاكل في عدة مستويات مختلفة من التنظيم.

5. أن تحدث بعض التجارب لاختبار الأفكار المبتكرة.

6. أن تعزز برامج التطوير التنظيمي عن طريق النتائج الإيجابية (التغذية العكسية) [1]

ونلاحظ أن التصنيفين السابقين يكملان بعضهما في العديد من النواحي حيث أن الباحث في التصنيف الأول قد ركز على ما يتعلق بالمقومات الضرورية على صعيد البنية الثقافية والحضارية، بينما ركز الباحث في التصنيف الثاني على المتطلبات التنظيمية لنجاح التطوير التنظيمي..

ثالثاً ــ مستلزمات التطوير التنظيمي

يرى الباحث (بيتر ريد) أن للتطوير التنظيمي عوامل ومستلزمات تحدد مدى نجاحه وقد ذكر عدة عوامل يجب على القادة الإداريين تحقيقها للنجاح في عملية التطوير التنظيمي وهي:

ــ رؤية النظام بأكمله

يجب على قيادة عملية التطوير التنظيمي أن تنظر إلى المنظمة على أنها تشبه الكائن الحي وليست آلة ميكانيكية. فمن الخطأ النظر إلى المنظمة على أنها هيكل تنظيمي وخريطة تنظيمية بل هي مزيج معقد متعدد الأبعاد

1- مرجع سابق (أبو نبعة، 2001، ص82)

من القيم والسياسات والاستراتيجيات والممارسات والعمليات والموارد والعلاقات.

ولكي نفهم الديناميكيات المتبادلة لهذه العناصر يجب النظر إليها نظرة شمولية ومن المؤكد أن العاملين على الأرض يعرفون الكثير من مواقع الخلل إلا أنهم قد لا يشعرون أن الأمر يستحق عناء التطوع بإعطاء معلومات ما لم يطلب منهم ذلك بصراحة أو تم إقناعهم أن هذه المشاركة أمر مرحب به ومحل تقدير.

ـ المنظمة المعتمدة على التعلم

إن مفهوم (المنظمة المعتمدة على التعلم) يرتبط بفكرة الذكاء الجماعي وقد لاقى هذا المفهوم قبولاً كبيراً بسبب أبحاث (بيتر سينج) الذي أكد أن المنظمات القادرة على التعلم بسرعة هي فقط المؤهلة للتعايش مع حقبة التغيير السريع التي نعيش فيها[1].

وأكد (هيفيتز ولوري) أن إيجاد الحلول لمواجهة التحديات لا يكمن فقط في الجانب التنفيذي بل في الذكاء الجماعي للموظفين والعاملين على كافة المستويات.

ـ القائد كجزء من النظام

إن رؤية النظام بأكمله لا تعني انفصال القادة عن النظام بل يجب أن يعتبروا أنفسهم جزءاً جوهرياً منه ويرى (سينج) أن التوتر الإبداعي الذي ينبغي أن يوجد بين القادة والمنظمة يجب أن يساهم في عملية التعلم التنظيمي[2].

---

1 - 2 Senge.P, The leaders new work: building learning organizations, DoubLeday/Currency, New York, 1990.

ـ الموازنة بين إدارة الأداء وإدارة التغيير

يجب أن تنصب جهود تحسين الأداء التنظيمي على إيجاد طرق للقيام بهذه المهمة في كل الأجزاء التنظيمية للمنظمة...

إن عملية التغيير والتطوير قد تؤدي إلى اضطرابات أو تغييرات تؤثر بلا شك على أجزاء النظام كافة وبالتالي إن الموازنة بين الاهتمام بإدارة الأداء والاهتمام بإدارة التغيير هي من المهام الأساسية للقيادة لكي تنجح في عملية التطوير التنظيمي.

ـ الإدارة الموجهة بالنتائج

بالإضافة إلى الشروط السابقة يجب على المنظمة أن تطور أدوات تقييم تتعلق بتحقيق الأهداف أو النتائج التي تم الاتفاق عليها ويجب على الإدارة أن تأخذ نظام تقييم الأداء على محمل الجد وأن تستخدمه بصورة موضوعية لمراقبة وتقييم ما يحرزه الأفراد والفرق من تقدم نحو تحقيق النتائج المرغوبة وينبغي وجود نظام الحوافز على الإنجاز والجزاءات للمعاقبة على الفشل.

إن الإدارة الموجهة بالنتائج لا تتعارض مع الفقرة السابقة حيث أن التوجهين يتكاملان فيما بينهما في إطار شامل.

ـ القيادة المتمحورة حول العمل:

طور (جون أدير) John Adair نموذجاً للقيادة المتمحورة حول العمل. ويتكون النموذج من ثلاث دوائر متداخلة تمثل المهمة، الحاجة إلى الحفاظ على تماسك الفريق، الاهتمام بالحاجات الفردية للأعضاء.

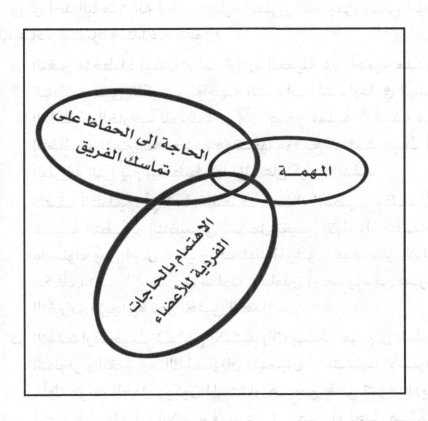

إن سر ثبات واستمرار هذا النموذج يكمن في بساطته وكانت الرسالة الأساسية أن إنجاز المهمة يمكن أن يتأثر سلباً إذا لم يتم توجيه اهتمام متزامن إلى الأعمال اللازمة للحفاظ على تماسك الفريق وروحه المعنوية والأعمال اللازمة للتعرف على نقاط القوة والضعف لدى أفراد الفريق.

إن التطور المتسارع أدى إلى الحاجة لتحديث هذا النموذج بإدخال مجموعة من أصحاب المصالح والمهتمين بالشراكة عندما نحدد (الفريق) ومجموعة أعرض من مجالات النتائج بما في ذلك الاعتبارات الخاصة برضاء الزبون أو العميل والتحسين المتواصل في تعريف (المهمة).[1]

1- مرجع سابق (بيتر ج ريد، 2005، ص85)

ويرى احد الباحثين أنه لنجاح عملية التطوير التنظيمي ينبغي توفر ثلاثة عناصر متميزة ومتداخلة تشمل:

1. **التغيير المخطط**: تؤكد أدبيات الإدارة الحديثة على أهمية مقدرة التنظيم على التكيف لمواجهة التغيرات المتسارعة في البيئة الداخلية والخارجية للمنظمة.... وأن جوهر عملية التكيف هو التخطيط لتغيرات محددة ووضعها موضع التنفيذ حيث أن الطريقة التي يتم التخطيط بها تؤثر على كيفية التنفيذ.

2. **تثقيف التنظيم**: أي إعادة تثقيف أعضاء التنظيم، وذلك لأن عملية التطوير التنظيمي تشمل تغيير الآراء والمعتقدات والسلوك ومن اجل تحقيق السلوك المرغوب فيه على الإدارة مكافأة التغيير الإيجابي في سلوك العاملين أو ما يسمى بغرس التغيرات الإيجابية نحو تحقيق الأهداف.

3. **الاستشارة**: حيث تساهم الاستشارات بشكل مهم في عملية التطوير والتغيير وهناك أسلوبان رئيسيان للاستشارة: الأسلوب الأول موجه للعمل ويكون المستشار هنا خبير فني تتوفر لديه المعرفة أو المهارة اللازمة لأداء عمل معين أو لحل مشكلة محددة. الأسلوب الثاني: ويكون التوجه ليس نحو العمل ولكن نحو كيفية أداء العمل ويهدف إلى زيادة المقدرة على أداء العمل بشكل أفضل أي التركيز على الأسلوب والطريقة التي ينبغي أن يتم بها العمل.[1]

ويظهر لنا من خلال ما سبق ذكره إن للتطور التنظيمي مجموعة من المقومات يجب العمل على دراستها وتفهمها بشكل جيد قبل البدء بإعداد خطط التطوير التنظيمي.

1- مرجع سابق (أبو نبعة، 2001، ص79)

كما أن للتطوير التنظيمي مستلزمات موضوعية يجـب عـلى الجهـات المسؤولة عن جهود التطوير التنظيمي توفيرها في الجهاز الإداري للمنظمـة ليتمكن من القيام بمهام التطوير والتحديث.

المبحث الثاني

الهيكل التنظيمي وحتمية تطويره

أولاً ــ مفهوم الهيكل التنظيمي وأهميته.

ثانياً ــ مراحل بناء الهيكل التنظيمي والخصائص الواجب توفرها فيه.

ثالثاً ــ العوامل المؤثرة في بناء الهيكل التنظيمي.

رابعاً ــ اتجاهات تصميم الهيكل التنظيمي.

خامساً ــ الخصائص البنيوية للهيكل التنظيمي.

سادساً ــ حتمية تطوير الهيكل التنظيمي.

أولاً ــ مفهوم الهيكل التنظيمي وأهميته:

ينظر بعض الباحثين للهيكل التنظيمي على أنه إطار لتنظيم العلاقات والسلطات داخل المنظمة، فيرى الباحثان (كاست وروزينوح) أن الهيكل التنظيمي هو (الشكل المحدد للعلاقات بين مكونات وأجزاء المنظمة) ويرى (سكوت) أن الهيكل التنظيمي هو (العلاقات العقلانية والرشيدة للوظائف في المنظمة والمرتبة لتنفيذ وإنجاز أهداف المنظمة بكفاءة).

ويرى الاتجاه الحديث في الإدارة أن الهيكل التنظيمي هو أداة لتحقيق أهداف المنظمة بالإضافة إلى كونه إطار لتوضيح التقسيمات وعلاقات السلطة والاتصال داخل المنظمة فيرى الباحث (الكويتي) أن الهيكل التنظيمي هو الأداة المستخدمة لتوضيح الواجبات أو المهام والعلاقات مع الرؤساء والمرؤوسين وتحديد الصلاحيات والمسؤوليات لكل مسؤول.

(الكويتي، 2005، ص80)

ويرى الدكتور الكبيسي أن الهيكل التنظيمي هو الإطار المؤسسي الموضح لمكونات المنظمة وما تضمه من الأقسام والفروع التي تتبعها والمحدد للمستويات التي تتدرج عليها وللاتصالات التي ينبغي أن تتفاعل عن طريقها وللأنشطة التي تنهض بها والمسؤوليات والصلاحيات التي تعطى لها.

(الكبيسي، 2006، ص33)

ويرى الباحث (حديدن): أن الهيكل التنظيمي هو إطار يوضح التقسيمات أو الوحدات والأقسام الإدارية التي تتكون منها المنظمة مرتبة

على شكل مستويات تأخذ شكل الهرم يربطها خط سلطة رسمية تنساب من خلاله الأوامر والتعليمات والتوجيهات من المستوى الأعلى إلى المستوى الأدنى وتتوضح من خلاله نقاط اتخاذ القرارات ومراكز السلطة والمسؤولية.

(حديدن، 2000، عمان)

ونلاحظ من خلال ما قدمه الباحثون المذكورون أن الهيكل التنظيمي يكتسب أهميته من كونه أداة أو إطار لتنظيم المنظمة على أسس واضحة فالهيكل التنظيمي هو بمثابة العمود الفقري للبناء الإداري للمنظمة، وكل منظمة بحاجة إلى هيكل تنظيمي يتناسب مع واقعها ويضمن تحقيق الأهداف التي وجدت من أجلها ولا يمكن القيام بالعمل الإداري دون تحديد واضح للمستويات الإدارية وللأقسام والفروع التي تكون المنظمة وللمسؤوليات والصلاحيات وطريقة الاتصالات بين أقسام المنظمة.

لقد أوجزت إحدى الدراسات النقاط التي تبرز أهمية الهيكل التنظيمي كما يلي:

• إن الهيكل التنظيمي وجد لغرض تحقيق هدف المنظمة من خلال تصميمه باتجاه يخدم تحقيق الهدف.

• الهيكل التنظيمي يسهل ويساعد في تنفيذ خطط المنظمة وفعالياتها وبرامجها الأدائية والتنفيذية.

• الهيكل التنظيمي وجد لغرض تنظيم أداء الأفراد لمهامهم وتنفيذ واجباتهم من خلال تحديد الوظائف والواجبات المرتبطة بها.

• الهيكل التنظيمي هو الأداة لتنسيق الفعاليات في المنظمة من خلال عمليات الترتيب الأدائي الأفقي والعامودي.

- الهيكل التنظيمي هو قاعدة ممارسة السلطة والتي بموجبها تتخذ القرارات، كونه يحدد المستويات الإدارية وسلطاتها ومسؤولياتها وصلاحياتها.

- الهيكل التنظيمي وجد لغرض تنظيم أو تقليص التأثيرات الفردية في المنظمة من خلال وضع الضوابط والنظم للأداء مما يحد من الاجتهاد الشخصي.

- الهيكل التنظيمي يحدد الطرق التي من خلالها تمارس العمليات الرقابية في المنظمة عن طريق تحديد المستويات الرقابية وأجهزتها.

- الهيكل التنظيمي وجد لضمان استمرار المنظمة وبقائها كونه يمثل قواعد بناء المنظمة المحركة والدافعة للبقاء والاستمرار.

- الهيكل التنظيمي وجد لمواجهة الغموض والتعقيد والتغيير في بيئة المنظمة عن طريق خلق التوافق بين أداء المنظمة وحركتها ومتطلبات البيئة.

- الهيكل التنظيمي يحدد الفروقات بين المنظمات من خلال تحديد أسس التمييز بين المنظمات شكلاً ومضموناً.

(عقيلي/المومني، 1993، ص67)

إن عملية بناء الهيكل التنظيمي يجب أن تتم على أسس واضحة وعلمية تضمن نجاح البناء الإداري للمنظمة والقدرة على مواءمة الاحتياجات المتغيرة للمنظمة، وقد أضاف الاتجاه السلوكي في العلوم الإدارية إلى النقاط السابقة، أهمية الهياكل التنظيمية بوصفها أداة تترجم من خلالها الأهداف العامة والفرعية المعلنة للمنظمة أو الكامنة والشخصية لدى الأفراد والجماعات حيث يساهم الهيكل التنظيمي في بناء الروح المعنوية العالية وخلق الاتجاهات الإيجابية وغرس القيم والأخلاق المهنية وتقوية الولاء والانتماء للمنظمات.

(Meryer, Scott, Organizational Environment, 2003)

128

وفي نفس الاتجاه بينت أبحاث (ليكرت) كيف أن تصميم الهيكل التنظيمي وفق أسس سلوكية يسمح بتقوية الأواصر الإنسانية والاجتماعية بين أفراد الجماعات المختلفة عبر حلقات الوصل مما يساهم كذلك في انسيابية المعلومات والاتصالات ويستقطب القيادات الرسمية وغير الرسمية ويقوّم الوظائف والمهام بالقدرات والقابليات بدلاً من ربطها بالموقع والمناصب الرسمية.

ثانياً ــ مراحل بناء الهيكل التنظيمي والخصائص الواجب توفرها فيه:

يمر إعداد الهيكل التنظيمي للمنظمة بالمراحل التالية:

• تحديد أهداف المنظمة الرئيسة الواجب تحقيقها وذلك في ضوء رسالة المنظمة.

• وضع الأهداف الفرعية والسياسات والخطط استناداً إلى الأهداف الرئيسة العامة، وتحديد الأهداف في المنظمة يتم على شكل سلسلة مترابطة حيث يقوم كل مستوى تنظيمي بوضع أهدافه في ضوء أهداف المستوى الذي يسبقه.

• تحديد الأنشطة اللازمة لإنجاز الأهداف والسياسات وتصنيف هذه الأنشطة وتجزئتها. فانطلاقاً من هدف المنظمة ورسالتها يتم تحديد النشاط العام ثم يجري تقسيم وتجزئة هذا النشاط إلى أنشطة ووظائف رئيسة وهذه يتم تقسيمها وتجزئتها إلى أنشطة ووظائف فرعية ثم إلى أنشطة ووظائف ثانوية وتستمر عملية التقسيم والتجزئة حتى يتم تحديد أعباء ومهام ومسؤوليات وواجبات محددة تصبح أساساً لتكوين الوظائف التي يمكن إسنادها للأفراد للقيام بها.

• تجميـع الأعـمال في وحـدات أو مجموعـات (تكـوين الوحـدات التنظيمية) بعد تقسيم وتجزئة الأنـشطة يـصبح لـدينا أعـداد كبيرة من الوظائف ومن هنا تأتي أهمية تجميـع ودمج هـذه الوظائف في مجموعات وتعيين شخص معين كمشرف على كـل مجموعة.

• ربط المجموعات أو الوحدات ببعضها البعض أفقياً ورأسـياً عـن طريق علاقات السلطة ونظم المعلومات (التنسيق).

(المليحي، ص120، 2000)

ويرى الدكتور الكبيسي أن أهم مراحـل عمليـة بنـاء الهياكـل عـلى مـستوى المـنظمات تبـدأ بمعرفـة الهـدف المحـدد للكيـان التنظيمـي وتحديد الوظائف المناطة به لأن الهيـاكل هـي أدوات ووسائل ولا تنفصل عن الوظائف والمهام.

وبعد الانتهاء من هذه المهمة تبدأ المرحلة التفصيلية والتي يمكن حصرها بما يلي:

• توزيع المهام والأنـشطة عـلى الوحـدات والإدارات التـي تـسمى مديريات ومـن ثم تقسيم هـذه إلى وحدات أصغر وأصغر وتناط بكل منها مهمة فرعية أو نشاط متخصص.

• وضع هـذه الإدارات والوحـدات في مـستويات أفقيـة وعموديـة لتحديد الصلة والعلاقة بينها.

• تحديد الوحدات المساعدة والخدمية المطلوبـة وتثبيـت مهامها وطريقة اتصالها وتفاعلها مع بعضها ومع الإدارات التنفيذية.

• منح وتفويض الصلاحيات التي تتلاءم وطبيعـة الأنـشطة والمهـام التنفيذية والتمييز بين الصلاحيات الوظيفية والتنفيذية.

- وضع الخرائط التنظيمية التي تبرز الهيكل التنظيمي الرئيسي للمنظمة أو الهياكل الفرعية للإدارات أو الفروع إن وجدت. وتتضمن هذه المرحلة تثبيت اللجان الدائمة أو المجالس العليا وتدوين الواجبات ووصف الوظائف في لوائح رسمية.

(الكبيسي، 2006، ص35)

هناك مجموعة من الخصائص والمواصفات يجب توافرها في الهيكل التنظيمي حتى يعتبر ملبياً لوظائفه في المنظمة وتعتبر هذه الخصائص والمواصفات دليل عمل للإدارات تسعى لتطوير الهيكل التنظيمي لكي يضمن تحقيق هذه الخصائص وهي كما يلي:

- مراعاة التخصص على مستوى الأفراد والوحدات للاستفادة من فوائد التخصص.

- توفر شبكة اتصال فعالة تربط أجزاء المنظمة ببعضها البعض وتوفر السهولة في نقل المعلومات والأداء والأوامر والتوجيهات في الوقت المطلوب.

- مراعاة نطاق الإشراف المناسب بالنسبة للمناصب الإدارية.

- التمييز بين الأنشطة الهامة الرئيسة والأنشطة الأقل أهمية، الثانوية.

- مراعاة عنصر التكلفة وعدم الإسراف.

- تطبيق مبدأ تفويض السلطة اللازمة للأفراد بما يحقق مبدأ تكافؤ السلطة مع حجم المسؤولية.

- أن يعرف الأفراد ما هو مطلوب منهم وعلاقاتهم مع الآخرين بوضوح تام.

- العمل التنظيمي الجيد هو الذي يراعي العنصر الإنساني في خطواته ومراحله.

- التركيز على الجماعة وروح الفريق والعمل الجماعي التعاوني.

ثالثاً ــ العوامل المؤثرة في بناء الهيكل التنظيمي:

تستطيع المنظمة أن تختار أحد الأشكال التنظيمية البنيوية أو مزيج ملائم منها تبعاً لطبيعة مهامها وميادين أنشطتها وتبعاً لتوجهاتها.

وقد تأخذ الأشكال التنظيمية للمؤسسات بناؤها وفق أحد العوامل التالية:

- التنظيم وفق المنتجات: منتج آ. منتج ب. منتج جـ ...إلخ

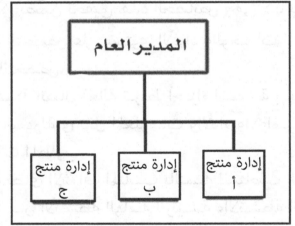

•التنظيم الوظيفي: التمويل، أفراد، تسويق، إنتاج،.....إلخ

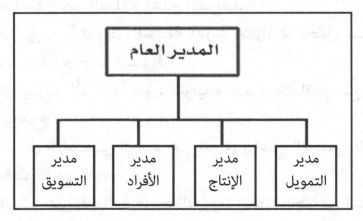

132

التنظيم وفق الزبائن: الجمهور العام، جملة، نصف جملة، مفرق

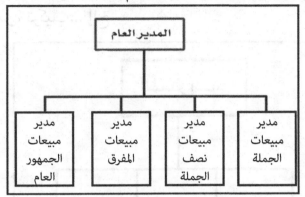

- التنظيم الجغرافي: الشؤون المحلية، الشؤون العربية، الشؤون العالمية

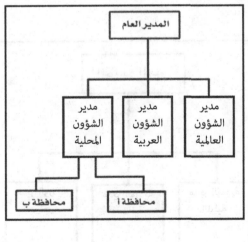

- التنظيم حسب مراحل عملية الإنتاج: مثلاً صهر، سبك، قوالب، كبس، تركيب... إلخ

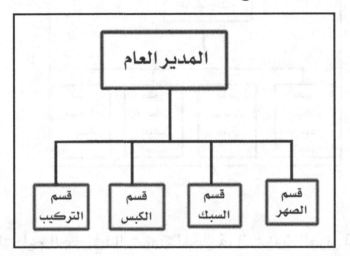

- التنظيم حسب الوقت: وردية نهارية، وردية ليلية.....إلخ.

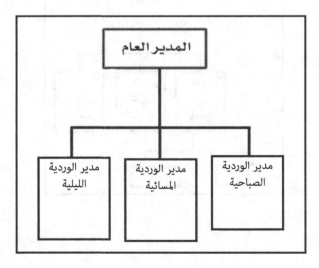

(حيدر، ص127، 2006)

134

ويرى أحد الباحثين أن هناك عدة أسس في الفكر الكلاسيكي بشأن كيفية تقسيم الإدارات والأقسام وهي:

- **التقسيم وفقاً للعدد:** يتم توزيع العاملين الكلي إلى مجموعات ويوضع لكل مجموعة رئيس وتصلح هذه الطريقة عندما يتماثل الأفراد في مهاراتهم كالعمال غير المهرة.

- **التقسيم وفقاً للوقت:** وهنا يستخدم نظام الورديات، ويصبح لكل وردية كادر يعمل خلالها كما هو الحال بالمطار والموانئ والمستشفيات والإذاعة.

- **التقسيم وفقاً للنشاط:** وهو الأكثر شيوعاً في المنظمات الإنتاجية.

- **التقسيم حسب المناطق الجغرافية:** ويتبع هذا النمط في الإدارات المحلية أو في تقديم الخدمات وضمن المنظمات الكبيرة الواسعة الانتشار.

- **التقسيم حسب الزبائن والمراجعين.**

- **اعتماد الأهداف المراد تحقيقها كأساس للتقسيم.**

(الكبيسي، ص36، 2006)

باعتقاد معد البحث فأن أهم العوامل المتفق عليها والتي تؤثر في تحديد الهيكل التنظيمي العوامل التالية:

- **حجم المنظمة:** كلما كان حجم المنظمة أصغر يصعب تقسيم نشاطاتها إلى أنشطة فرعية وإحداث إدارات للقيام بهذه الأنشطة وتعيين رؤساء لها مع ما يصاحب ذلك من تكلفة إضافية قد لا تستطيع المنظمة تحملها.

- **طبيعة الإنتاج أو الخدمة:** قد يؤدي الاختلاف في نوع المنتجات أو نوع الخدمات التي تقدمها المنظمة إلى اختلاف في هيكلها التنظيمي

فمثلاً تنوع المنتجات يتطلب توسعاً للهيكل التنظيمي والعكس صحيح.

- **المستوى التكنولوجي:** المنظمات التي تستخدم التكنولوجيا على نطاق واسع غالباً ما يكون عدد العاملين فيها قليلاً نسبياً.

- **التوزيع الجغرافي:** إن المنظمة التي يشمل عملها ونشاطها مناطق جغرافية متعددة من الطبيعي أن يختلف هيكلها التنظيمي من حيث تعدد الإدارات وتنوعها وحجمها عن المنظمة التي تمارس عملها في منطقة واحدة.

- **توقيت العمل:** إن المنظمات التي يستمر فيها العمل لفترة زمنية طويلة ويكون لديها عدة ورديات لتغطي هذه الاستمرارية يكون هيكلها التنظيمي أكبر من المنظمات التي لديها فترة عمل واحدة.

- **تقسيم العمل والتخصص:** عندما تكون درجة التقسيم والتخصص عالية تحتاج المنظمات إلى إدارات أكثر مما يجعل الهيكل التنظيمي أكبر.

كما يمكن أن نضيف إلى العوامل السابقة عامل مدة حياة المنظمة حيث يعتقد فريق من الباحثين أن المنظمات من حيث مدة حياتها نوعان: الأولى وتكون مدة حياتها غير محددة بزمن وأخرى تكون حياتها محدودة بفترة زمنية كأن نحدث منظمة لأداء عمل ما أو تحقيق هدف محدد تزول المنظمة عند إنجازه، ففي الحالة المنظمة المحددة بزمن يكون الهيكل التنظيمي بسيطاً بعكس الحال عندما يكون للمنظمة صفة الديمومة.

(سعيد وحرفوش، 1991، ص116)

رابعاً ـ اتجاهات تصميم الهيكل التنظيمي:

يمكن تصميم الهيكل التنظيمي بالاعتماد على أحد المداخل التالية:

- **الهيكل التنظيمي التنفيذي:** وهو ما يسمى بالتنظيم الرأسي أو السلطوي وهو أقدم الهياكل ويعتمد على مركزية السلطة وتسلسل علاقاتها الرأسية من الأعلى إلى الأسفل ويملك كل رئيس سلطة كاملة في توجيه عمل مرؤوسيه وهذا النوع من الهياكل التنظيمية خالي من الاستشاريين والمدير العام ملم بكل الأمور يناسب المنظمات الصغيرة الحجم ويحدد أحد الباحثين مميزات هذا الشكل من الهياكل التنظيمية أنه يتميز بالبساطة، سرعة اتخاذ القرار، التحديد الواضح للواجبات، وحدة القيادة والتوجيه، وضوح قنوات الاتصال الرسمي وعلاقات السلطة ومساوئه أنه يؤدي إلى إرهاق الرؤساء بالواجبات لعدم وجود استشاريين ولا يعتمد على مبدأ تقسيم العمل والتخصص ولا يتناسب مع المنظمات الكبيرة التي تعتمد على تطبيق اللامركزية.

(عبوي،ص117، 2006)

- **الهيكل التنظيمي الوظيفي:** يقوم على أساس تطبيق التخصص حيث يقسم نشاط المنظمة إلى أنشطة رئيسية وأنشطة فرعية. وتسند مهمة أداء كل نشاط إلى وحدة إدارية متخصصة يرأسها مدير متخصص، وله الحق في ممارسة السلطة وإصدار الأوامر لكل من يعمل ضمن نطاق التخصص حتى لو كان يعمل في إدارة أخرى داخل المنظمة، يتيح هذا النوع الاستفادة من فوائد التخصص لكن يؤخذ عليه أنه يحدث ازدواجية في السلطة وإصدار الأوامر.

- **الهيكل التنظيمي التنفيذي الاستشاري:** يعتمد هذا النوع على قيام التنظيم التنفيذي بالاستعانة بمستشارين كالمستشار المالي أو القانوني أو الفني أو وحدات إدارية كوحدة البحوث والدراسات بهدف تقديم النصح والمشورة للإدارات أو المديرين التنفيذيين مما يساعدهم على أداء أعمالهم بشكل أفضل ويخفف عنهم ضغط العمل وإضاعة الوقت ويساعدهم في اتخاذ قرار أفضل ويعد هذا النوع أكثر شيوعاً في الحياة العملية.

ـ تضيف دراسات أخرى إلى أنماط الهياكل التنظيمية ما يلي:
- التنظيم الهرمي
- التنظيم المستطيلي
- التنظيم المصفوفي أو البرامجي
- التنظيم الموقفي

وسنحاول أن نقدم شرحاً موجزاً لكل نمط من الأنماط السابقة:

- **التنظيم الهرمي:** وبموجب هذا النمط تأخذ المنظمة شكل الهرم حيث تكون القاعدة عريضة مستوعبة لأكبر عدد من البشر العاملين في المنظمة ثم يقل عددهم وصولاً للقمة التي لا تتسع إلا لشخص واحد يتمتع بجميع الصلاحيات والسلطات. وبين القمة والقاعدة تتوزع المستويات التنظيمية المتعددة وتزداد سلطة الأفراد كلما ارتفعت مواقعهم وأصبحوا أقرب لقمة الهرم.

وبرأي فريق من الباحثين لهذا النمط التنظيمي بعض الفوائد والإيجابيات، فهو يتسم بالبساطة والوضوح ويسهل فهمه من قبل العاملين والمتعاملين،

ويساعد على تحديد المسؤوليات واكتشاف الأخطاء ويرسم طرق الاتصال بشكل واضح مما يمنع الفوضى والاضطرابات.

كما أن لهذا النمط التنظيمي بالمقابل العديد من المساوئ: فهو لا يتيح إمكانية للإبداع أو التطوير ويعتبر نمطاً غير ديمقراطي في الإدارة ويكرس حالة الجمود، عدا عن أن تجميع جميع السلطات في يد رئيس واحد أصبح غير عملياً في كثير من المنظمات والمجالات.

(Meyer.M,Zucker.L, 1989, P 59)

التنظيم المستطيلي: لقد كان الأستاذان (ففنر وشيرود) في مؤلفهما (التنظيم الإداري) من أوائل الداعين لهذا النمط من التنظيم فقد أكدا تحول المنظمات الهرمية إلى تنظيمات مستطيلة تحت ضغط الظروف والتطورات الجديدة التي يشهدها العصر، حيث أن عدد الأشخاص في مستويات الإدارة العليا سيزداد وعدد العاملين في المستويات الوسطى سيتقلص نتيجة لإدخال الأساليب والتقنيات الحديثة.

وبرأي أحد الباحثين يعالج التنظيم المستطيلي بعض المشاكل التي نجمت عن التنظيم الهرمي من خلال توزيع الصلاحيات في القمة أفقياً وعامودياً بدلاً من تجمعها في يد رئيس واحد، مما يتيح فرصاً أكبر لممارسة الديمقراطية ومشاركة الجماعات واللجان والهيئات الممثلة للمستويات الإدارية أو للأقسام الوظيفية وإيصال صوتها وبيان رأيها في السياسات والقدرات وبرامج العمل، ونطاق الإشراف يتقلص ويختفي عنق الزجاجة وقنوات الاتصال تتعدد.

(الكبيسي، 2006، ص39)

وبالتالي يساهم التنظيم المستطيلي في تنمية المهارات وتقوية الولاء والانتماء ومن ثم زيادة الكفاءة والفاعلية في العمل الإداري ويتميز هذا النمط بالقيادة الجماعية.

- **التنظيم المصفوفي (البرامجي)**

برأي أحد الباحثين تظهر الحاجة لهذا النمط التنظيمي في البيئة والظروف المعقدة والمتطورة والمنوعة تكنولوجياً، والتي تتعرض لتطورات سريعة في تقنياتها أو في إنتاجها أو في علاقات منافسة بين المنظمات المتماثلة أو يكون للمنظمة أكثر من هدف رئيسي أو تكون الأنشطة اللازمة فيها مختلفة.

(الكبيسي، 2006، ص40)

في ظل هذا التنظيم يتعذر تطبيق مبدأ وحدة الأوامر ومبدأ تطابق المسؤولية، وكذلك مبدأ نطاق الإشراف العامودي. وقد ينشأ هناك أسلوبان مختلفان على المستوى الإداري الواحد كأن يجتمع التنظيم الوظيفي أو الهرمي أو التنظيم الجغرافي والتنظيم الزبائني معاً، فيصبح العاملون في بعض الأقسام خاضعين لنمطين من الاتصال الرسمي ولجهتين من الإشراف، ويصبح هناك ثنائية في الأوامر وتكون المسؤولية الأدبية والمهنية موازية للمسؤولية الرسمية وأكبر منها.

ومثال على التنظيم المصفوفي كلية الإدارة والاقتصاد حيث أن الأقسام العلمية ترتبط بالعميد وترتبط بالمشرف أو المنسق للبرنامج التربوي والتعليمي في آن واحد.

وأخذت بهذا النمط التنظيمي شركات الإنتاج المعقد كشركات إنتاج معدات الفضاء فالمصنع قد يتوزع فيه العاملون إلى أقسام وظيفية وفنية وبنفس الوقت قد يعملون في برنامجين مختلفين.

يساعد هذا النمط التنظيمي المنظمات المعاصرة في الاستجابة للظروف البيئية المستجدة والتفاعل مع المهام والأعباء التي تفرضهاعليها، والتي تستلزم برامج ومشروعات مضافة للبرامج والنشاطات الأساسية التي أنشئت من أجلها، فهو إذاً تكتيك إجرائي لمواجهة التغيير والتطور وهذا النمط يزيد

المنظمات تعقيداً في هياكلها ويحولها إلى تنظيم عنقودي مركب تتفرع منه الأقسام والشعب عمودياً وأفقياً.

وبرأي أحد الباحثين ينبغي على المنظمات ألا تترك التنظيم المبسط وتتحول إلى تنظيم معقد إلا تحت ضغط الحاجة الملحة أو تلبية للظروف وأهم مستلزمات هذا النمط:

- توفير الموارد المشتركة للبرامج المصفوفية ووضع الموازنة المستقلة عن الموازنة الاعتيادية.

- توفير الطاقة العالية لتوليد المعلومات ومعالجتها ونقلها بدقة وفاعلية بين الأقسام.

- وعي الفنيين والإداريين وقناعتهم بجدوى التنظيم المصفوفي واستعدادهم لتنفيذه بكفاءة وفاعلية.

- وجود الحاجة الماسة للتنظيم الهرمي وللتنظيم الوظيفي والتنظيم الجغرافي على أكثر من مستوى.

Deland D.J (The cultural Ambience of the
matrix organizational) 1991

- **التنظيم الموقفي**

إن الدراسات الأكثر عصرية وحداثة تدعو إلى إعطاء اهتمام كبير للعوامل والظروف الداخلية والخارجية المحيطة بالمنظمة عند اختيار النمط التنظيمي الذي يلائمها. وهذا الاتجاه يسمى بالتنظيم الموقفي.

وتعتبر دراسات (لورش ومورس) هي التي أسست لهذا الاتجاه حيث قارنت بين بيئة المعامل وبيئة المختبرات البحثية وأظهرت أن الطبيعة المستقرة للعمل في المعامل تظهر حاجة إلى هياكل ثابتة ورسمية ومستقرة لها وصف عمل وإجراءات محددة ونظم اتصال ورقابة واتخاذ قرارات نمطية لحد كبير بينما تحتاج المختبرات ومراكز البحوث إلى مرونة كبيرة في وصف العمل وأقل ما

يمكـن مـن القواعـد الرسـمية والإجرائيـة وبالتـالي فـالتنظيم الإداري لأي منظمة مرتبط بطبيعة عملها ونوع نشاطها والظروف المحيطة بها.

(الكبيسي، 2006، ص44)

وبالتالي يصبح التنظيم الإداري لأي منظمـة بمنزلـة التغييـر المـوقفي الملائم للتفاعل مـع البيئـة الخارجيـة والداخليـة في ظـرف زمـاني ومكـاني محـدد ومـن سـمات التنظيـم الجيـد قدرتـه عـلى التكيـف والاسـتجابة السريعة للظروف والمواقف المختلفة وليس الالتـزام أو التقيـد بالمبـادئ التنظيمية التي تعجز عن تلبية مطالب البيئة والموقف.

خامساً ــ الخصائص البنيوية للهياكل التنظيمية:

وهي التعقيد، الرسمية، المركزيـة، العمـر والحجـم وسنوضـح بـشكل مختصر هذه المتغيرات:

ــ التعقيد complexity: ندرس درجة التعقيد في المنظمة من خلال التشتت بالاتجاهات الأفقية والعمودية والمسافية.

فالتعقيد الأفقي يمكن قياسه من خلال عدد المديريات أو الأقسام أو الوحدات وعدد عناوين الوظائف وعدد الأنشطة الرئيسة التي تنهض بها المنظمة ووظائفها الاختصاصية والمهنيـة وبالتـالي كلـما زاد عـدد الإدارات والأقـسام أو كلـما زادت الوظـائف المتخصـصة والفنيـة أو طالـت مـدة التأهيل لشغلها كانت المنظمة أشد تعقيداً أفقياً.

أما المتغير العمودي فيقاس من خلال عدد المستويات التنظيمية التي تقع بين القمة والقاعدة أما بالنسبة للبعد الجغرافي فيؤخذ النطاق الـذي تنتشر فيه الوحدات وعاملوها وسرعة الوصول والاتصال والانتقال بينها، وعدد الفروع والتشعبات التابعة لها.

- **الرسمية Formalization**: ولقياس هذه السمة هناك عدة معايير تتناول الوصف الوظيفي للمهن والوظائف، والإجراءات التفصيلية المطلوبة للقيام بالعمل. ودرجة الإشراف المباشر وغير المباشر على العاملين والمرؤوسين ومدى الحرية في التصرف ومدى المرونة وحجم الضغط المسلط على المستويات الإدارية المختلفة ودرجة الإلزام والقسر في تنفيذها.

- **المركزية Centralization:**

ومن المؤشرات المطروحة لقياس هذا البعد درجة النفوذ والتأثير التي تفرضها القمة متمثلة بشخص المدير أو الرئيس على المستويات التنظيمية العمودية والأفقية والجغرافية وثم درجة النفوذ والتسلط للمشرفين عبر السلم الهرمي، كما تقاس المركزية من خلال عدد القرارات الصادرة ونوعية الموضوعات التي تناط صلاحية البت فيها للإدارة العليا وعدد القرارات التي يوقعها المدير العام مقارنة بمجموع القرارات الصادرة عن المنظمة بمختلف مستوياتها.

- **العمر والحجم size & old:**

حددت علاقة هذين المتغيرين بنمط الهيكل التنظيمي بالفرضيات التالية:

- كلما طال عمر المنظمة اتسم هيكلها بالرسمية وسلوكها بالنمطية.
- كلما كبر حجم المنظمة وضح هيكلها وتخصصت وظائفها وتشتت وحداتها أفقياً.
- كلما كبر حجم المنظمة مال سلوكها نحو الرسمية والبيروقراطية.

(الكبيسي،2006، ص57)

سادساً ـ حتمية تطوير الهيكل التنظيمي

إن الهيكل التنظيمي كما تمت الإشارة سابقاً هو وسيلة وليس غاية في حد ذاته، ويرتبط وجوده بقدرته على المساهمة في تحقيق الغايات التي وجدت من أجلها المنظمة وبما أن الأهداف التي تسعى المنظمات لتحقيقها تتغير وتتطور بمرور الوقت يستتبع هذا الشيء إعادة النظر في الهيكل التنظيمي وتطويره بشكل مستمر ومن جهةٍ أخرى إن المتغيرات في البيئة الداخلية والخارجية للمنظمة تفرز واقعاً جديداً يصبح لزاماً إعادة النظر في الهيكل التنظيمي وتطويره تماشياً مع هذه المتغيرات.

تعددت الدراسات التي تتناول تطوير الهياكل التنظيمية في المنظمات ومن أهم الدراسات الحديثة تلك التي قام بها الدكتور محمد عيسى الكويتي فقد بينت هذه الدراسة الضرورة الحيوية لتطوير الهيكل التنظيمي حيث تناولت الدراسة عدداً من المؤسسات في القطاعين الخاص والعام ومن ضمنها عدداً من المصارف ونتيجة الدراسة فقد تلخصت مقترحات المسؤولين لتطوير الهيكل التنظيمي فيما يلي:

- إعادة تصميم الأعمال لتسهيل الإجراءات وجعلها أكثر سرعة ومرونة.
- تقليل المركزية.
- ربط الحوافز بالأداء وإعطاء صلاحيات أكبر للمسؤول المباشر في اتخاذ القرار.
- تقليل الاعتماد على اللجان في بت الأمور.
- خلق ثقافة خدمة الزبون.
- إعادة توزيع المهام لتقليل التداخل في الواجبات.

- تعديل تصنيف بعض الوظائف وكتابة الوصف الوظيفي.

(الكويتي، 2005، 83)

ومن الاتجاهات المهمة في دراسة الهياكل التنظيمية واقتراح إمكانية تطويرها الاعتماد على البحوث البنيوية التي تستخدم كمؤشرات ومعايير كمية ووصفية تساعد في اختبار الفرضيات وتعميقها وإثرائها.

إن تطوير الهيكل التنظيمي يجب أن يكون مطلباً دائماً ومستمراً في جميع المنظمات على أن يتم بعد دراسة متعمقة للبيئة الداخلية والخارجية للمنظمة لما للهيكل التنظيمي من تأثير كبير في جميع أقسام ونشاطات المنظمة. ويجب أن يحقق هذا التطوير موازنة صعبة في توفير القاعدة الثابتة والمتينة للمنظمة والتي تبنى حولها جميع أقسام ونشاطات المنظمة من جهة، ومن جهة أخرى تأمين المرونة الكافية لمواجهة التغيرات المستمرة.

ونظراً لأهمية الهيكل التنظيمي يجب أن يتم الإعداد لتطويره بالتعاون بين كافة المستويات الإدارية ومن الممكن الاستفادة كذلك من خبرات مراكز الأبحاث المتخصصة لما لها من قدرة على استخدام الأساليب الكمية والبنيوية وتقديم وجهة نظر محايدة في موضوع واتجاه التطوير.

145

146

المبحث الثالث

آليات التطوير التنظيمي

أولاً ـ آليات تطوير مهارات الأفراد العاملين وقيمهم.

ثانياً ـ آليات تطوير النظم والإجراءات.

ثالثاً ـ آليات تطوير الهيكل التنظيمي.

رابعاً ـ آليات تطوير طرائق العمل والتكنولوجيا المستخدمة.

147

أولاً: آليات التطوير التنظيمي

بما أن التطوير التنظيمي هو جهد شمولي مخطط يهدف لتغير وتطوير العاملين (قيمهم ومهاراتهم) وتغيير التكنولوجيا والعمليات والهياكل التنظيمية فإن آلياته يجب أن تتناسب مع متطلبات عملية التغيير والتطوير المقصودة.

ويمكن أن نقسم آليات التطوير التنظيمي بحسب المداخل المعتمدة في عملية التطوير التنظيمي وفق ما يلي:

- آليات تطوير مهارات الأفراد العاملين وقيمهم.
- آليات تطوير النظم والإجراءات.
- آليات تطوير الهيكل التنظيمي والوحدات الإدارية.
- آليات تطوير طرائق العمل والتكنولوجيا المستخدمة.

آليات تطوير القوى العاملة:

لعل من أهم الآليات المستخدمة لتطوير القوى العاملة هو التدريب ويختلف التدريب المستخدم لغايات التطوير التنظيمي عن التدريب الذي يتلقاه العاملون في المنظمات بشكل اعتيادي، حيث أن الوسائل المستخدمة في عملية التدريب تختلف بحسب الغاية من عملية التدريب **ولعل أهم الوسائل التدريبية الممكن اتباعها بغية تطوير القوى العاملة في إطار عملية التطوير التنظيمي هي الوسائل التالية:**

- المحاضرات
- المناقشة الجماعية
- الندوات
- المؤتمرات

ـ التعلم المبرمج

ـ دراسة الحالة

ـ تحليل المواقف

ـ تمثيل الأدوار

ـ سلة القرارات

ـ المباريات الإدارية

ـ اللجان

ـ الزيارات الميدانية

ـ تحليل العلاقات

ـ نمذجة السلوك

ـ الوكالة

ـ جماعات العمل

ـ التدريب الإلكتروني

وفي ما يلي سنقدم شرحاً مختصراً لهذه الطرائق:

1- المحاضرات The Lecture:

ويمكن أن تعرف المحاضرة على أنها:

(حديث مكتوب أو غير مكتوب يقدمه فرد متخصص ذو خبرة في موضوع معين لمجموعة من الأفراد بصورة رسمية، حيث ينقل المحاضر

مجموعة من المعلومات والمعارف والأفكار والاتجاهات والخبرات إلى مجموعة من المستمعين دون أن يشاركوا في النقاش).[1]

وبرأي فريق من الباحثين يمكن أن نحدد مزايا ومساوئ هذه الطريقة كما يلي:

مزايا هذه الطريقة:

ــ إنها طريقة سهلة وبسيطة غير مكلفة مادياً.

ــ توفر إمكانية تقديم وعرض حجم كبير من المعلومات بوقت قصير نسبياً مما يؤدي لتوفير الجهد والوقت.

ــ المرونة إذ يمكن تغيير المحاضر أو موضوع المحاضرة كيفما تشاء الإدارة.

ــ إمكانية تدريب عدد لا بأس به من المتدربين دفعة واحدة.

ــ توفر المحاضرة أسلوباً مباشراً وواضحاً في شرح الموضوعات وإيصال المعلومات عن طريق الاتصال الشفهي الواضح بالإضافة إلى إمكانية استعمال وسائل إيضاحية بصرية وسمعية.

ــ هي مدخل أساسي لتثبيت المعلومات الأساسية والجوانب الفنية والنظرية لأي موضوع إداري هام.

بينما يعتبر من مساوئ هذه الطريقة:

ــ اقتصار دور المتدرب على الاستماع وتدوين الملاحظات وطرح الأسئلة دون أن يتعدى ذلك لممارسات عملية.

ــ التعرف على رأي المحاضر فقط حول الموضوع المحاضر فيه.

1- محمد عبد الفتاح ياغي، (التدريب الإداري بين النظرية والتطبيق)، دار زهران، عمان، 1993، ص155.

ـ تقبل آراء وأفكار المحاضر حول الموضوع مما يوحي للمتدربين أن المحاضر يعرف كل شيء حول الموضوع مما لا يتيح إمكانية النظر للموضوع من زوايا مختلفة.

ـ أسلوب ممل إذا لم يدخل المحاضر على المحاضرة عنصر الإثارة والتشويق.[1]

يمكن أن نعتبر أن أسلوب إلقاء المحاضرات هو آلية من الآليات التي تعتمدها الإدارة ضمن إطار عملية التطوير التنظيمي ويلجأ إليه لتدريب العاملين أو إعطائهم معلومات أساسية حول أمور فنية أو نظرية ولكي تعتبر هذه الطريقة ناجحة يجب تنظيمها بشكل جيد من حيث تحديد الهدف النهائي للمحاضرة والوقت المخصص للإلقاء والمناقشة وترتيب المعلومات بشكل منطقي ومتسلسل واستخدام وسائل إيضاح في حال دعت الحاجة لذلك وإعطاء الحرية للمستمعين في الاستفسار عن النقاط غير الواضحة على أن تكون الإجابة مختصرة وواضحة وموجهة لكل المستمعين وليس للسائل فقط.

2- المناقشة الجماعية Group Discussion

تعرف المناقشة على أنها طريقة من الطرق النظرية للتدريب التطوير والتنمية الإدارية وهي اجتماع مجموعة صغيرة من الأفراد هدفها دراسة ومناقشة موضوع أو مشكلة معينة وهي تتضمن تبادلاً فعلياً للأفكار ونقاط الدراسة والإدراكات بين المدرب والمتدرب ويمكن أن تستعمل

1- عمر وصفي عقيلي، (إدارة الأفراد)، منشورات جامعة حلب، 1990، ص308.

العديد من الطرائق كالعصف الذهني والجلسات الإبداعية لتشجيع المناقشة المشتركة.

ومن شروط نجاح هذه الطريقة:

فسح المجال أمام الجميع للاشتراك في المناقشة وعدم احتكار المدرب للكلام، الابتعاد عن التجريح والتشهير والتحكم والانتقاص من مكانة الآخرين، الاستفادة من العدد الأكبر من الآراء، كما يجب أن يكون الوقت كاف لاستكمال المناقشات بشكل علمي وسليم للوصول إلى نتائج واضحة ويجب أن يتمتع المدرب بمهارات إدارة النقاش ويجب أن يؤمن العدد الكافي من المراجع العلمية المتعلقة بموضوع المناقشة ووضعها في متناول جميع المتدربين.

ومن المزايا التي تحققها المناقشات بحسب رأي أحد الباحثين:

ـ زيادة حصيلة المشتركين في المناقشات من الخبرات والحقائق والمعلومات التي تذكر وتحلل في المناقشات.

ـ التعلم عن طريق المشاركة يترسخ في أذهان المتدربين لأنهم هم الذين يتوصلون إلى النتائج بعد مناقشاتهم مما يؤدي إلى تقبلهم للحلول المعروضة أكثر مما لو فرضت عليهم فرضاً.

ـ تدل التجارب على أن الفرد المشترك يسعى دائماً لتطبيق الأفكار المعروضة في هذه المناقشات وهذه ميزة تساهم في تغيير العادات والأنماط السلوكية التي اعتاد عليها الفرد.

ـ إن أسلوب المناقشات الجماعية يقوي في المشاركين ملكـة المناقشة والثقة بالنفس والتعبير عن الآراء وطرح الأفكار بحرية.[1]

أما مساوئ أسلوب المناقشة:

ـ أنه يتطلب مهارة كبيرة في الإعداد والتحضير المسبق.

ـ أنه يستغرق وقتاً طويلاً نسبياً.

ـ يحتاج إلى قيادة ماهرة لإدارة وتوجيه المناقشة بكفاءة وفاعلية.

ـ صعوبة التنسيق بين المتحدثين بحيث يعرض كل منهم جانباً مهماً في موضوع النقاش.[2]

3. الندوات Pannels

تعرف الندوة على أنها مناقشـة جماعيـة يشـترك فيهـا مجموعـة مـن الأفراد على مستوى عالٍ من الخبرة في موضوع الندوة. وتتم المناقشـة في الندوة بأقل قدرٍ من التدخل أو التوجيـه مـن القيـادة الرسـمية للنـدوة، وبرأي أحد الباحثين فالندوة هي طريقة تدريبية تجمـع مـا بـين طريقـة المحاضرة وطريقة المناقشة وتستعمل للموضوعات الكبرى الطويلـة وقد تدوم لعدة أيام أو أسابيع وقد تتم عن طريق مناقشات بـين عـدد مـن المديرين المتخصصين في موضوع معين أمام المتدربين واللذين يسمح لهـم في نهاية الندوة بتوجيه الأسئلة والاستفسار عما يريدون معرفته.[3]

1- Wentling.tim, planning for Effective training F.A.O. food and Agriculture organization of the United Nations Rome, 1993, P99

2- مرجع سابق (Wentling, 1993, P101)

3- مرجع سابق (زويلف، إدارة الأفراد، 1998، ص178)

ولنجاح الندوات يجب أن يتم اختيار الموضوعات الإدارية المفيدة والضرورية وأن يتم تحديد محتوى هذه الموضوعات بدقة ويجب أن تحدد الجهات المسؤولة عن الندوة وتحديد دور كل جهة من هذه الجهات نظرياً وعملياً ويجب أن يتم اختيار جهات تنفيذية مؤهلة وحائزة على الخبرات اللازمة ويجب توفير مستلزمات الندوة كوسائل الإيضاح والمكان والوقت.

4. المؤتمرات Conferences

يعرف المؤتمر على أنه مجموعة من الأفراد يمثلون منظمات مختلفة أو اتجاهات متعددة تجمعهم اهتماماتهم المشتركة بالموضوع.

وقد يشترك في تقديم الموضوع المطروح للمناقشة شخصين أو أكثر من المتخصصين في مجال البحث بعد أن يكون قد قام كل فرد منهم بتحضير وتجهيز الجزء الذي سيتناوله بمفرده ثم يقوم كل واحد بشرح جانب من جوانب الموضوع من وجهة نظره ويجوز لأي فرد التعليق على المادة التي قدمها زميله أو ينتقدها أو يكتفي باستكمال الجانب المخصص له ويترك عادة بعض الوقت للمناقشة أو الاستفسار ويهدف هذا الأسلوب إلى تحديد المشكلة ومحاولة إيجاد حلول ملائمة لها وعمل توصيات بشأن تطبيقها ومتابعتها.

ومن أهم أسباب عقد المؤتمرات بحسب رأي أحد الباحثين ما يلي:

تبادل المعلومات، رفع الروح المعنوية، الإعلان عن إرشادات جديدة بالمنظمة، تواصل المنظمة مع موظفي المبيعات، تسهيل وتوفير فرص التدريب.[1]

5. التعلم المبرمج Programmed Learning

عبارة عن برامج معدة ومسجلة في موضوع معين ترسل إلى المتدرب ليستخدمها بنفسه والهدف من هذه البرامج تزويد الأفراد بكمية معينة من المعرفة بدرجة محددة من الجودة في وقت معلوم وهذا الأسلوب يساعد في تطوير مهارات الأفراد خاصة فيما يتعلق باللغات والإحصاء والمهن وتكون آلة التعليم هنا كتاباً أو شريطاً مسموعاً أو مرئياً أو أقراص حاسبات.

ومن مزايا هذه الآلية أنها تشجع الفرد للاعتماد على نفسه في عملية التعلم وهذا ما يوفر إرجاع الأثر الفوري للمتدرب وتمكن هذه الآلية المتدرب العمل ضمن حدود وقته وإمكانية استخدام البرنامج والرجوع إليه أكثر من مرة.

ومن المزايا التي تحققها هذه الآلية:

ــ مراعاة الفروق الفردية بين الأفراد في قدراتهم ومهاراتهم ودرجات الذكاء.

ــ التسلسل المنطقي حيث يتكون البرنامج من خطوات مترابطة ومتسلسلة منطقياً وموضوعياً مما ييسر استيعابها وفهمها.

1- جون فيشر، (كيف تنظم مؤتمراً ناجحاً)، ترجمة دار الفاروق، القاهرة، 2001، ص11.

ـ تصمم خطوات البرنامج بعناية بحيث تؤدي مع انتهائها إلى تحقيق الأهداف التي سبق تحديدها.

ـ التمكن من كل خطوة حيث لا ينتقل المتدرب إلى الخطوة اللاحقة إلا إذا تمكن من استيعاب الخطوة السابقة.

أما مساوئ التعلم المبرمج فهي أنه يقتصر على نقل المعلومات ولا يصلح لتنمية المهارات أو تعديل السلوك وإعداد البرنامج يتطلب وقتاً طويلاً ويحتاج إلى تكاليف وجهد كبيرين فضلاً عن عدم توفر المرونة وعدم ملاحقة البرنامج لما يحدث من تغيرات في الموضوع.

6. دراسة الحالة Case study

تعرف الحالة بأنها عبارة عن مشكلة حقيقية أو افتراضية مكتوبة في تقرير يتضمن مجموعة من الحقائق والأرقام والبيانات.[1]

وتعرف دراسة الحالة بأنها طريقة تتمثل في إعداد المدرب أو اختياره لحالة تصف موقفاً أو مشكلة معينة في مجال العمل اليومي أو مجال نشاط المنظمة وبعد تقديم الحالة يبدأ المدرب بتوجيه المناقشة وصولاً لتعريف المتدربين بأسلوب المشكلة وآثارها وطرائق معالجتها.

ويرى أحد الباحثين أن من مزايا **دراسة الحالة** كونها توفر اشتراكاً فعالاً للمتدربين في العملية التدريبية مما يؤدي إلى إثارة حماسهم، كما تتصف بلمسة من الواقعية وتساهم في انطلاق الفرد من قيود تخصصه العلمي والعملي إلى رؤية جوانب المشكلة كافة.[2]

1- د. حسن أبشر الطيب، (التنمية الإدارية بين النظرية ومكونات التجربة العلمية)، دار الجيل، بيروت، 1982، ص18.

2- مرجع سابق (زويلف، إدارة الأفراد، 1998، ص176)

يعاب على هذه الطريقة عدم ملاءمتها للمجموعات الصغيرة وقد يعطي سهولة الوصول إلى حل المشكلة شعوراً خاطئاً بسهولة العمل الإداري الحقيقي.

7. تحليل المواقف Analysis of situation

عرض حالة تمثل موقفاً أو حدثاً صغيراً يتطلب اتخاذ قرار أو علاج ويختلف تحليل المواقف عن دراسة الحالات في قلة المعلومات المعطاة للمتدربين وتركيزها ويحتفظ المدرب بمعلومات أخرى يقدمها للمتدربين بناء على طلبهم وتتفق جماعة المتدربين بعد تبادل المعلومات الضرورية على النقاط الجوهرية والتي يجب التركيز عليها في المناقشات ويضع كل فرد حلاً مقترحاً وثم تناقش الحلول المقترحة جميعها فإذا كان هناك حلول متشابهة يجتمع أصحابها ويبحثون الربط بينها وإمكانية دمجها وبعد مناقشة الحلول المقترحة يعرض المدرب على المتدربين الحل الذي طبق في الحياة العملية فعلاً.

8. تمثيل الأدوار Roles Playing

تقديم حالة أو موقف عملي لمجموعة الأفراد المستهدفة بالعملية على شكل قصة تضم شخصيات متعددة تتفاعل في مواقف العمل ويقوم المتدربون بعد استيعاب الموقف بتمثيل أدوار الشخصيات بحوارٍ حر من واقع تصورهم وتقمصهم للدور أو يمثلون وفقاً لنص مكتوب مسبقاً ويمكن أن تقترن هذه الطريقة مع طريقة دراسة الحالات حيث تنتهي الحالة بأسئلة للمناقشات وتتطلب تمثيل وأداء الأدوار.

157

وبرأي أحد الباحثين فإن هذه الطريقة تصلح للاستخدام في التدريب على العلاقات الإنسانية وأساليب الإشراف والقيادة كأن يوضع المتدرب في موقف يتطلب منه مثلاً أن يتقمص دور المشرف الذي يضبط عاملاً متلبساً بمخالفة التعليمات بينما يقوم متدرب آخر بدور العامل.[1]

وخطوات هذه الطريقة تبدأ بالإعداد والتمهيد من خلال توزيع الأدوار من قبل المدرب على المتدربين وإعطائهم الأوراق التي تصف هذه الأدوار ويطلب منهم قراءتها وفهمها والتمهيد لتمثيلها.

ثم يأتي دور التمثيل وقد يطلب المدرب الأداء العكسي أي أن يتبادل المتدربون أدوارهم حتى يحدث تفهم أعمق للمواقف وقد يتم تسجيل التمثيلية أثناء أدائها وثم تأتي خطوة المناقشة والنقد والتحليل.

9. سلة القرارات in Basket technique

هي صيغة محاكاة تجسد مواقف واقعية في بيئة العمل حيث تقدم هذه المواقف بشكل مكتوب لمواضيع روتينية وأخرى عارضة يتعين البت فيها، أي لصنع القرار على مدى زمني قصير نسبياً أو تحويل بريد وارد إلى بريد صادر ويقدم كذلك وقائع وملابسات تساعد في تشخيص الموقف الفعلي في بيئة العمل ثم تتم مراجعة كيفية تعامل المتدرب على التخطيط والتنظيم والقيادة والرقابة ومرونة التصرف والقدرة على صنع قرارات سليمة.

1- مرجع سابق (زويلف، إدارة الأفراد، 1998، ص178)

تكمن أهمية هذه الطريقة برأي أحد الباحثين في كونها تدفع المدير إلى التفكير في المشكلة الإدارية على ضوء معلومات غير كاملة وهو الموقف العادي الذي يجد فيه أغلب المديرين نفسهم عادة.[1]

10. المباريات الإدارية Administrative Games

هي طريقة لتدريب المشتركين والذين هم مدراء حاليون أو متوقعون على التخطيط طويل الأجل، اتخاذ القرارات، الاستخدام الجيد للموارد المتاحة أو التدريب في مجالات متخصصة كالتمويل أو المبيعات أو التسويق أو الرقابة...إلخ.

وتتكون الألعاب الإدارية من العناصر التالية:

ـ تحديد الأدوار للمشتركين.

ـ وضع دليل للمباراة يتضمن وصفاً تفصيلياً للموقف وقواعد اللعبة والمصالح المتضاربة وقد تستخدم لهذه الغاية خرائط وتقارير وحسابات أو بيانات أخرى تساعد على تفهم الموقف.

ـ وضع نظام محاسبين يسجل القرارات والنتائج المترتبة عليها ويطلع المتدربين عليها.

وتقسم جماعة المتدربين إلى مجموعات صغيرة (5-7) أفراد عادة وتعتبر كل مجموعة إدارة منفصلة وبرأي أحد الباحثين ((يعتبر أسلوب المباريات الإدارية من أهم وأصلح أساليب التدريب حيث أن كل مجموعة تقوم بتنظيم نفسها وتوزع الاختصاصات بين أفرادها وتقرر أهدافاً وسياسات تسترشد بها في اتخاذ القرارات ومن خلال العرض الذي تقدمه

ـــــــــــــــــــــــــ

1- مرجع سابق (زويلف، إدارة الأفراد، 1998، ص177)

كل مجموعة في نهاية المباراة لأسلوب العمل الذي اتبعته تبدأ مناقشة مدى صلاحية ومناسبة هذه الأساليب ويتدخل أعضاء هيئة التدريب للإرشاد والتوجيه)).[1]

11. اللجان Committees

تعتبر اللجان وسيلة فعالة لتنمية قدرات المديرين في اتخاذ القرارات وزيادة مهاراتهم التنظيمية وتقوم فكرة اللجان على نفس مبدأ تمثيل الأدوار والمباريات الإدارية غير أن الاختلاف الجوهري هو أن اللجنة تعالج مشكلات حقيقية وواقعية ووفق هذه الآلية يعمل الفرد ضمن لجنة ويساعدها في مهامها ومسؤولياتها التنظيمية وهذه الآلية تتيح للمدراء اكتساب الخبرات ودراسة المشكلات التي قد تواجههم وتقسم اللجان إلى لجان دائمة تنظر في مسائل ومشكلات دورية ولجان مؤقتة تنظر في مسألة معينة وتحل فور الوصول إلى الحل النهائي لهذه المسألة.

وتستخدم طريقة اللجان في تدريب الإدارات المتوسطة والعليا في المنظمة فبرأي أحد الباحثين ((إن من الطرق المستحدثة في بعض المنظمات أن تشكل لجنة من المدراء الذين يلوا في المستوى أعضاء الإدارة العليا، ودور هذه اللجنة هو مساعدة مجلس إدارة المنظمات في حل المشاكل التي تعرض عليه، وهكذا يمكن لأعضاء اللجنة اكتساب المعرفة والمهارات الضرورية لاتخاذ القرارات عند وصولهم للمراكز العليا في الإدارة)).[2]

1- مرجع سابق (زويلف، إدارة الأفراد، 1998، ص77)

2- مرجع سابق (زويلف، إدارة الأفراد، 1998، ص178)

ولعل أهـم فوائـد اللجـان هـي مـساهمتها في تنميـة ذهنيـة فريـق العمل . أما مساوئها فهي استغراقها لوقت أطـول والبحـث عـن حلـول وسطية ترضي معظم وجهات النظر أو حدوث حالات صراع أو تنافر بين الأعضاء.

12. الزيارات الميدانية Field Visits

هذه الآلية مكملة للآليات التدريبيـة الأخـرى كالمحـاضرات ودراسـة الحالات وغيرها حيث توفر هذه الزيارات الربط بـين الجوانـب النظريـة والتطبيقية وتساهم في التعرف علـى المشكلات أو الممارسـات علـى أرض الواقع بالإضافة إلى مقابلة المسؤولين أو المتخصصين ومناقشتهم والتعلم مـن خـبرتهم وتـساهم هـذه الآليـة بإعطـاء المتـدربين فرصـة لمـشاهدة المواقف والحقائق كما تقع فعلاً وإمكانية تطبيق ما شاهدوه إذا توافرت لهم الظروف.

ومن مزايا الزيارات الميدانيـة أنهـا توسـع آفـاق المتـدربين وتربطهم بالحياة الواقعية ولكن من مساوئها أنها لا تنجح إذا لم يتم التخطيط لهـا بشكل فعال كما أنها تستهلك وقتاً كبيراً.

13. تحليل العلاقات Relationship Analysis

هـي آليـة لتدريب المديرين وتستخدم في العـلاج النفسـي الجماعـي بهـدف فحـص الحـالات المزاجيـة والانفعاليـة للأفـراد والمـديرين بقـصد تحسين علاقاتهم واتصالاتهم مع الآخرين.

وتتكون هـذه الآليـة مـن أربعـة جوانـب (تحليل الـذات، تحليـل المعاملات، تحليل المباريات، تحليل الموقف والاتجاهات).

ويتمتع تحليل العلاقات بمزايا عديدة منها: إعداد المدير بالمعرفة النظرية عن تركيب الشخصية والذات البشرية، فهم أفضل للذات وللآخرين، تحقيق الراحة والثقة والفاعلية، إقامة خطوط اتصالات مفتوحة بين العاملين، تحريك التفكير الإبداعي للمتدربين، التعرف على الأفراد الملائمين لشغل وظائف معينة.

ولكن من سيئات هذه الآلية عدم وجود أساس نظري متين يضمن نتائج التطبيق وموضوعية التقييم وقد لا تساهم في تحسين العلاقات بين الإدارة والعمال عدا عن اعتقاد بعض المدراء أن هذه الآلية حل سحري لجميع المشكلات التي قد يصادفونها في علاقاتهم.

14. نمذجة السلوك Behavior Modeling

أي القيام بصياغة مثالية لسلوك مرغوب به لكي يقتدي به المتدرب وتشمل هذه الطريقة مهارات إدارية مثل تصميم وتوزيع مهام للمرؤوسين، تفويض السلطة، تقديم النصح، طلب أداء أمر معين أو التأكيد عليه.

وتشمل هذه الطريقة نموذج يتضمن المهارات الأساسية لحل المشكلة موضوع الدراسة والتدريب العملي من خلال تمثيل الأدوار وتدعيم السلوك الصحيح لحل المشكلة أثناء المواقف العملية.

15. الوكالة (القيام بواجبات بغرض التمرين والدراسة) Understudy Assignment

تعد إحدى آليات التطوير الإداري والتنظيمي وتقوم على تعلم الإداري أعمال رئيسه بحيث يمكنه أخذ مكانه عندما يتغيب عن العمل وقد تظهر هذه الوكالة في هياكل المنظمات بأسماء مختلفة مثل: وكيل، نائب مدير، مساعد مدير...إلخ.

ومن مزايا هذه الطريقة إدراك الفرد تماماً لغرض التدريب وتعلم الفرد في موقف عملي وفعلي ويساعده مستقبلاً في تحمل المسؤوليات ولكن من سلبيات هذه الطريقة أن الفرد قد يتعلم بالإضافة إلى الممارسات الجيدة للمدير الممارسات السلبية.

كما أن بعض المديرين يترددون في تفويض المسؤوليات والسلطات.

16. جماعات العمل Syndicate Work

هي آلية تقوم بموجبها مجموعات من الأفراد بالعمل سوية في سبيل تحقيق هدف معين وبموجب هذه الطريقة يتم تبادل الآراء والخبرات والتجارب والمعلومات بين أفراد المجموعة والعمل على مزج هذه المكونات جميعها مما يساهم في الكشف عن مهارات وطاقات الأفراد كما أن هذه الطريقة هي من أفضل الطرائق المتبعة لرفع إنتاجية العمل.

ثانياً ــ آليات تطوير النظم والإجراءات

إن التطوير التنظيمي كما تمت الإشارة سابقاً يهدف إلى تطوير وتغيير النظم والإجراءات المتبعة في إنجاز الأعمال اليومية والمتكررة والدورية في المنظمة.

إن إجراءات العمل هي الخطوات التفصيلية أو المراحل التي تحدد لكي يمر العمل عبرها أو هي طريقة محددة لكي يتم إنجاز العمل بموجبها.

وقد عرف أحد الباحثين إجراءات العمل بما يلي ((هي مجموعة الخطوات أو المراحل المتسلسلة التي تمر بها الخدمة أو المنتج من بدايتها

حتى إنجازها وتكون في النهاية حصيلة ما تقدمه المنظمة للمستفيدين على نحو مرتب ومتسلسل)).[1]

وإن الخطوات أو المراحل التي تتضمنها الإجراءات كما يتضح من هذا التعريف هي مترابطة ومتسلسلة وهي التي تحدد إلى مدى كبير مستوى جودة الخدمات والمنتجات التي تقدمها المنظمة. إن الاتجاه المعاصر في العلوم الإدارية هو إعادة دراسة وتقييم الإجراءات بهدف السعي لتبسيطها بهدف تأمين السرعة والمرونة في سير الأعمال وخفض الوقت والتكاليف اللازمة للإنجاز...

ومن الآليات المقترحة لتطوير نظم وإجراءات العمل:

ـ تبسيط الإجراءات Procedure simplification

إن تبسيط الإجراءات قد أصبح حاجة ملحة لجميع المنظمات وقد حدد أحد الباحثين التعريف التالي لتبسيط الإجراءات ((العملية التي يتم من خلالها إزالة مظاهر الخلل والتعقيد في الخطوات والمراحل التي تمر بها المعاملة أثناء القيام بالأعمال والنشاطات المختلفة)).[2]

كما ينظر إلى تبسيط الإجراءات على أنه ((عملية تقسيم العمل إلى مجموعة من الخطوات المتسلسلة التفصيلية الدقيقة وتحديد الخطوات الضرورية والتي لا يمكن الاستغناء عنها والخطوات الغير ضرورية الممكن الاستغناء عنها واختصارها)).[3]

1- كامل حلمي، (تبسيط الإجراءات)، المنظمة العربية للعلوم الإدارية، دار العالم العربي، القاهرة، 1983.
2- مرجع سابق (حلمي، 1983، تبسيط الإجراءات)
3- مرجع سابق (عبوي، 2006، ص137)

لا يجوز البدء بتبسيط الإجراءات دون دراسة متعمقة للعملية الإدارية في المنظمة وبداية يجب دراسة الواقع التنظيمي والبحث عن مؤشرات الخلل والتي تحفز على إجراء التخطيط للقيام بعمليات تبسيط الإجراءات.

ومن المؤشرات التي تشير إلى تعقد الإجراءات والحاجة إلى تبسيطها:

- كثرة عدد المراحل التي تمر بها المعاملة.

- كثرة حالات اللف والدوران في المعاملة وقد يكون هذا ناتجاً عن عدم ترتيب المكاتب وأماكن العمل مكانياً بشكل يتوافق مع تسلسل الخطوات في إجراء المعاملة.

- كثرة السجلات المطلوب الرجوع إليها أو ملاحظتها.

- كثرة تنقل الموظفين من أجل الرجوع إلى مصادر المعلومات والسجلات وهذا ناتج عن عدم وضع السجلات ومصادر المعلومات اللازمة لقيام الموظف بأعماله قريبة منه.

- كثرة عمليات الرقابة والتدقيق.

- طول سلسلة الإجراءات اللازمة لإنجاز العمل.

- تراجع حجم الأداء الوظيفي.

- كثرة حالات ضياع المعاملات.

- كثرة الخلافات والصراعات الوظيفية.

- كثرة المخالفات بحق العاملين نتيجة التقصير في أداء الأعمال.

- كثرة الشكاوي والتذمر من قبل المتعاملين.[1]

1- مرجع سابق (حلمي، 1983، تبسيط الإجراءات)

165

وبعد استعراض المؤشرات التي تدعو للقيام بعمليات مراجعة وتبسيط الإجراءات **يمكن أن نحدد أهداف عملية تبسيط الإجراءات بما يلي:**

● تحسين الإجراءات وتطويرها وتحديثها بشكل يقلل من عدد الخطوات لتحقيق السرعة في الإنجاز.

● الحد من تعدد عمليات الرقابة والتدقيق بهدف تقديم الخدمات للمستفيد بأسرع وقت.

● الاستخدام الفعال لمعدات ووسائل الإنتاج في المنظمة.

ثالثاً ـ آليات تطوير الهيكل التنظيمي

إن تطوير الهيكل التنظيمي يتم من خلال متغيرات أساسية مثل قنوات الاتصال، درجة تفويض السلطة، تشكيل الإدارات وغيرها من المتغيرات الأساسية المتضمنة في التنظيم الرسمي.

وسنحاول التركيز على ثلاثة آليات يمكن استخدامها ضمن حقل التطوير التنظيمي لتحقيق تطوير الهيكل التنظيمي:

1- تحسين الاتصالات.

2- تغيير درجة تفويض السلطة.

3- إعادة التشكيل الإداري.

1- تطوير الهيكل التنظيمي من خلال تحسين الاتصالات:

تعتبر قنوات الاتصالات بمثابة الشرايين الحيوية لأي منظمة حيث تنتقل عبرها المعلومات والبيانات بين الأقسام المختلفة في المنظمة وبين المستويات الإدارية المتعددة كما تنتقل عبرها الأوامر والقرارات. وإن تحسين قنوات الاتصالات يمكن أن يكون متغيراً أساسياً في إطار تطوير

الهيكل التنظيمي، حيث إن بعض المنظمات قد تعاني من كثرة الاتصالات ووجود معوقات فيها وهنا لا بد من إعادة بناء الهيكل التنظيمي بما يضمن زيادة مرونة الشركة وتحسين الاتصالات فيها.

ويمكن أن نستعين بالمثال التطبيقي التالي لتطوير الهيكل التنظيمي من خلال تحسين الاتصالات:

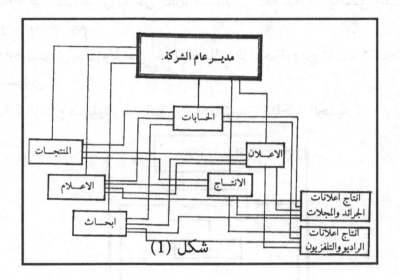

شكل (1)

الهيكل التنظيمي للشركة قبل إعادة التنظيم [1]

يمثل الشكل (1) الهيكل التنظيمي ومخطط الاتصالات في الشركة المعنية. وهي شركة إعلانية تختص بتقديم ثلاث خدمات أساسية (تخطيط الحملات الإعلانية، تخطيط استخدام وسائل الإعلام من راديو وتلفزيون من أجل الدعاية، المساعدة في تسويق المنتجات وتوزيعها عن طريق الأبحاث التسويقية).

(Michael, Stephen organizational Management, 1989, Educational Publishers, New -1
York)

ويلاحظ إن كثرة الاتصالات ومعوقاتها قد شكل مشكلة حقيقية بالنسبة للشركة ولذلك تم إعادة البناء التنظيمي بما يساهم في زيادة مرونة الشركة وتحسين الاتصالات ورفع درجة الرقابة والتعاون بين الأقسام حيث تم الاعتماد في عملية إعادة التنظيم على تجميع الوظائف المتشابهة في ثلاث إدارات رئيسية هي:

- إدارة حسابات مسؤولة عن إدارة حسابات العملاء بما يحقق رغباتهم ويفي بحاجاتهم.

- إدارة تسويق مسؤولة عن أقسام وسائل الإعلام، ترويج المنتجات، بحوث التسويق.

- إدارة الإنتاج مسؤولة عن إنتاج الإعلانات من الناحية الحقيقية.

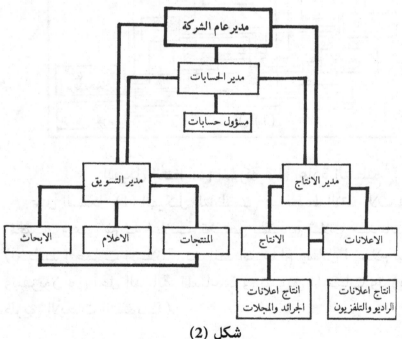

شكل (2)
الهيكل التنظيمي للشركة بعد إعادة التنظيم[1]

(Michael, Stephen organizational Management, 1989, Educational Publishers, New -1
York)

وكما نلاحظ من المثال السابق إن تطوير الهيكل التنظيمي من خلال تحسين الاتصالات يحقق العديد من الفوائد الإيجابية للمنظمة حيث يؤدي إلى تقليل الاتصالات بين الأقسام المختلفة وتحسين الرقابة على الاتصالات بين العملاء والشركة، زيادة التنسيق وللسرعة في تدفق المعلومات، زيادة المودة بين العملاء والشركة.

2- تطوير الهيكل التنظيمي من خلال تغيير درجة تفويض السلطة:
تعتمد منظمات الأعمال أنماطاً معينة من حيث درجة تفويض السلطة ضمن هيكلها التنظيمي وقد تمتاز بعض المنظمات بدرجة عالية من المركزية في مقابل اعتماد منظمات أخرى على اللامركزية في الإدارة. وقد تتدرج منظمات أخرى بين النمطين السابقين.

إن لكلا النمطين الإداريين (المركزية، اللامركزية) مزايا ومساوئ عديدة ولا يمكن أن نعتبر أي من النمطين كنمط أمثل بالنسبة لجميع المنظمات وفي جميع الأوقات.

حيث أن المبالغة في المركزية تؤدي إلى عدم قدرة الإدارة على متابعة أمور المنظمة وتراكم الأعمال وعدم إعطاء المجال للموظفين للمبادرة وتحمل المسؤولية مما يؤدي إلى إحباطهم وإضعاف الروح المعنوية لديهم. كما أن المبالغة في اللامركزية يؤدي إلى ضياع وتكرار الجهود وضعف الرقابة وضعف التنسيق بين الأقسام المختلفة. إن تغير الظروف الاقتصادية والمستجدات في البيئة الداخلية والخارجية للمنظمة تحتم على المنظمة السعي لتطوير هيكلها التنظيمي من خلال تغيير درجة تفويض السلطة بما يتناسب مع الظروف المستجدة للمنظمة.

ويمكن أن نستعين بالمثال التطبيقي التالي الذي يوضح تطوير الهيكل التنظيمي بالاعتماد على تغيير درجة تفويض السلطة.

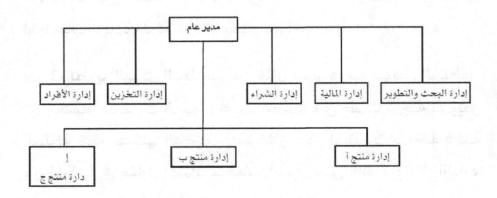

الشكل (3)

الهيكل التنظيمي للشركة قبل إعادة التنظيم[1]

يوضح الشكل (3) الهيكل التنظيمي لشركة صناعية تتميز باللامركزية. إن النمط اللامركزي قد شجع إدارة المنتجات على التوسع خاصة إنه كان يسند إليها مهام الإنتاج والتسويق معاً مع القليل من التدخل من قبل الإدارة العامة. وكانت الإدارة العامة تشرف على التمويل، الشراء، التخزين، الأفراد، الأبحاث والتطور، ولكن غالبية الأبحاث كانت تتم على مستوى الإدارات وكان ما يبرر هذا التنظيم هو أن تلقى عملية اتخاذ القرارات ومراقبة التكاليف ومسؤولية الأرباح على مراكز

1- (Hill, Roy Japanese Fibres Firm Restructures to Restore Profrts international Management, 1989, P41-45)

الربحية إلا أنه عندما ساءت الأحوال الاقتصادية فقدت اللامركزية الكثير من مزاياها.

مما استدعى تبني التنظيم الجديد للشركة الشكل (4)

الشكل (4)

الهيكل التنظيمي للشركة بعد إعادة التنظيم[1]

قامت الشركة بإدخال نظام المركزية إلى تنظيمها. وبموجبه أصبحت إدارة المنتجات مفصولة عن إدارة التسويق وتم توسيع إدارة الأبحاث إلى خمسة أقسام، وتم إنشاء مجلس مدراء مكون من المدراء العامين تركزت في يده القرارات الأساسية.

إن عملية إعادة التنظيم قد قلصت سلطات نواب الرئيس. حيث لم يعد بوسعهم تقرير المصروفات الرأسمالية، أو تنقلات كبار الموظفين أو

1- (Hill, Roy Japanese Fibres Firm Restructures to Restore Profrts international Management, 1989, P41-45)

الالتزامات طويلة الأجل وأصبحت هذه القرارات من صلاحيات مجلس المدراء.

أدى هذا التنظيم لتوفير الإمكانية لنواب الرئيس للتفكير في الشركة ككل بشكل استراتيجي بدلاً من التركيز على المشكلات اليومية والقضايا التكتيكية.

أدت عملية تطوير الهيكل التنظيمي السابقة إلى تغيير وضع الشركة من شركة خاسرة إلى شركة ذات ربحية جيدة.

نلاحظ إن تطوير الهيكل التنظيمي عن طريق تغيير درجة تفويض السلطة يساهم في تجديد شباب المنظمات ويسهل حركة الإدارة ونقل ترقية الموظفين والنظر إلى مشاكل المنظمة القديمة بعين جديدة كما يساهم في الاستخدام الأمثل للموارد البشرية.

كما يساهم تغيير درجة تفويض السلطة بتأمين المرونة اللازمة للمنظمة لمواجهة الحالات المختلفة التي تواجهها سواء من حيث ضرورة التوسع في الأعمال لزيادة الربحية، أو من حيث ضغط التكاليف وتحسين الموقع التنافسي.

3- تطوير الهيكل التنظيمي من خلال إعادة التشكيل الإداري:

إن بناء الهيكل التنظيمي يجب أن يتوافق مع طبيعة النشاط الذي تمارسه المنظمة وعند وجود مشكلات في التنسيق بين الأقسام المختلفة أو بين المستويات الإدارية المختلفة، يجب إعادة النظر في البناء الإداري بهدف التأكد من ملاءمته لطبيعة النشاط والعمليات التي تقوم بها المنظمة ويمكن أن نستعين بالمثال التطبيقي التالي والذي يوضح إمكانية تطوير

الهيكل التنظيمي من خلال إعادة التشكيل الإداري حيث يمثل الشكل التالي

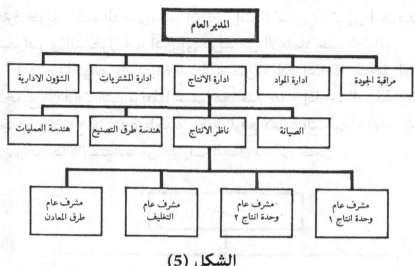

الشكل (5)

الهيكل التنظيمي للشركة قبل إعادة التنظيم[1]

الهيكل التنظيمي لشركة صناعية تكون فيها إدارة الشؤون الإدارية مسؤولة عن وظيفة الأفراد ووظيفة المالية، وإدارة المواد مسؤولة عن تدفق السلع إلى العملاء وإدارة المشتريات مسؤولة عن تدفق المواد الخام وقطع الغيار للمصنع، وإدارة مراقبة الجودة مسؤولة عن فحص المواد فور وصولها وفحص السلع قبل شحنها، ومعظم العاملين موجودون في إدارة الإنتاج حيث يقود كل مشرف عام من 9-14 مشرفاً وكل مشرف مسؤول وسطياً عن 16 عاملاً في مجموعته.

إن أسباب الحاجة إلى إعادة التنظيم هي إحساس الإدارة العليا بأنها تنفق معظم وقتها في حل مشاكل العمل اليومية والتي يجب معالجتها على مستوى أدنى مما لا يترك لها الوقت للتفكير بالأمور الهامة كالاستثمارات الرأسمالية كما أن إدارة

1- (Gobraith, Jay R: Organization Design, California Addison-Wesleyco 1987)

الجودة كانت مسؤولة عن فحص المنتجات الأولى التي تنتجها الآلة للتأكد من الجودة قبل التشغيل وكانت الآلات تبقى معطلة عن العمل لفترة طويلة أثناء الفحص. كما أن تغيرات السوق أدت إلى العديد من التغيرات في التشغيل مما أدى إلى مزيد من الاعتماد على الصيانة.

أدى هذا الواقع إلى إعادة التنظيم من خلال إعادة تشكيل الإدارات وتجميع الإدارات التي يربطها عملها معاً فتم جمع إدارات الصيانة ومراقبة الجودة والإنتاج في إدارة واحدة. وذلك لرفع كفاءة التنسيق وإتمام الأعمال في مواعيدها والاستفادة من مهارات العمل بشكل أفضل.

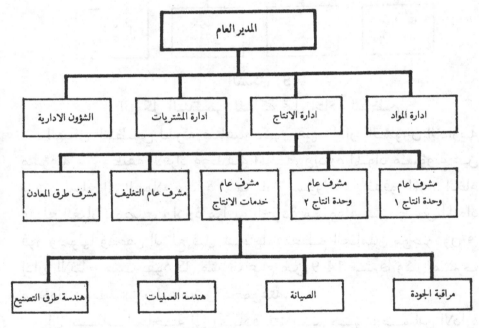

الشكل (6) الهيكل التنظيمي للشركة بعد إعادة التنظيم[1]

نلاحظ أن عملية إعادة التشكيل الإداري قد أدت إلى أن الكثير من القرارات أصبحت تتخذ على مستويات أدنى وساهمت في حل مشكلة

1- (Gobraith, Jay R: Organization Design, California Addison-Wesleyco 1987)

التنسيق والجدولة وأتاح ذلك للإدارة العليا الإمكانية للتركيز على المسائل الهامة والاستثمارات طويلة الأجل وتساهم هذه العوامل مجتمعة في رفع كفاءة المنظمة وزيادة الإنتاجية.

رابعاً ـ آليات تطوير طرائق العمل والتقنية المستعملة

إن آليات تطوير طرائق العمل في الواقع شديدة التنوع حيث أن الناحية التقنية تختلف من قطاع اقتصادي لآخر ومن منظمة لأخرى ولعل المحدد الأساسي في هذا السياق هو متطلبات تحسين الجودة وتخفيض التكاليف، وعلى الصعيد الإداري يمكن اعتبار أن أحد أهم آليات تطوير طرائق العمل الإداري هي الأتمتة الإدارية.

الأتمتة الإدارية Management Automation
عرف أحد الباحثين الأتمتة الإدارية على أنها:
((استخدام نظم الحاسوب وشبكاتها في إنجاز الأعمال المكتبية اليومية والإجراءات الإدارية المتكررة والدورية في المنظمات ذات الطابع الإداري أو المالي أو الإنتاجي أو الخدمي)).[1]

كما هو واضح من هذا التعريف فإن الأتمتة تتطلب إدخال الحواسب إلى بيئة العمل في جميع المواقع وبشكل فعال بحيث تؤدي إلى تغيير آلية أداء الأعمال وترفع من جودة العمل وسرعته.

إلا أن تطبيق الأتمتة يتطلب عدداً من الخطوات يمكن أن نحددها بما يلي:

1- محمد شاكر عصفور، (أصول التنظيم والأساليب)، دار المسيرة، عمان، 2007، ص376.

ــ تحديد أهداف الأتمتة الإدارية.

ــ تحديد الأعمال الواجب أتمتتها وأولويات عملية الأتمتة.

ــ إجراء توصيف دقيق للأعمال والإجراءات القائمة.

ــ دراسة أرشيف المعلومات في المنظمة.

ــ تنميط التعامل مع المعلومات في المنظمة.

ــ إعادة هندسة إجراءات العمل بما يتوافق مع الأتمتة الإدارية.

ــ إعادة النظـر بالبنيـة الهيكليـة للمنظمـة بمـا يتوافـق مـع الأتمتـة الإدارية.

ــ إعادة تأهيل العاملين على مستوى المنظمة للقيام بالعمـل بدرجـة عالية من الكفاءة.

إن لتطبيـق الأتمتـة الإداريـة أهميـة حاسـمة في المـنظمات المعـاصرة، **حيث تقدم الأتمتة العديد من المزايا مثل:** تخفيض الوقت اللازم للعمـل الإداري ورفع جودته، دعم اتخاذ القرار ورفع سوية التخطيط الإداري، تحسين الخدمات المقدمة للمتعاملين والزبائن، تخفيض تكاليف الإنتاج من خلال تخفيض الهدر وضبط المخزونات.

هـذا بالإضـافة إلى نـشوء مجـالات عديـدة للأنـشطة الاقتصادية والخدمية لا يمكن القيام بها دون أتمتـة كالتجارة الالكترونيـة والـصيرفة الالكترونية وتقديم خدمات الاتصالات عبر الإنترنت أو خدمات الحكومـة الالكترونية وغير ذلك من المجالات المتعددة والتي تزداد كل يوم.

وقد حدد أحد الباحثين مزايا الأتمتة الإدارية بالنقاط التالية:

1. زيادة قدرة المدير على اتخاذ قرار عقلاني.

2. زيادة قدرة المدير على الإلمام بواجباته الإدارية، ومعرفة آثار هذه الواجبات على واجبات وأعمال المديرين الآخرين.

3. القدرة على توصيف الأعمال بشكل أفضل.

4. الاستغناء عن المراسلين بين مكاتب الموظفين.

5. التخفيف من ظاهرة الفساد والإهمال الإداري.

6. تسريع الإجراءات الإدارية.

7. جعل مؤشرات الأداء المعيار الحقيقي للارتقاء الوظيفي والمادي.[1]

إن تطبيق الأتمتة الإدارية هو مطلب حيوي لنجاح جهود التطوير التنظيمي. وقد تنتج بعض الآثار السلبية عن تطبيق الأتمتة الإدارية كتراجع التواصل البشري وقدرة الفرد على الإقناع المباشر أو تراجع دور وأهمية المدير في الهيكل الإداري أو حدوث ازدواجية بين العمل الآلي واليدوي.

ويتم التغلب على هذه الآثار السلبية من خلال المتابعة والتقييم المستمر لتجربة الأتمتة واستخدام معايير معينة لتطبيق الأتمتة الإدارية. ومن هذه المعايير أن تطبق الأتمتة ضمن الميزانية المقدرة لها وضمن الفترة الزمنية المحددة وأن تحقق الأهداف الرئيسة التي حددت لها وألا يكون لها انعكاسات سلبية ملموسة على جوانب أخرى من عمل المؤسسة.

1- د. سامي الخيمي، (المعلوماتية الإدارية ودورها في التنمية الإدارية)، الندوة الوطنية حول التنمية الإدارية، دمشق، 2002.

178

الفصل الثالث

التطوير التنظيمي ورفع مستوى الأداء المصرفي

مقدمة الفصل الثالث

في المبحث الأول من هذا الفصل سيتم توضيح مفهوم المصارف وتبيان أنواعها مع التركيز على مفهوم المصارف التجارية وتحديد خصوصية وظيفة التنظيم فيها.

سيتم الانتقال في المبحث الثاني للبحث في أدوات قياس مستويات الأداء المصرفي ومن الأدوات المقترحة في هذا الصدد دراسة مدى تحقق الأهداف، دراسة معدلات انتظار العملاء، إنشاء مصفوفة الأداء المتوازن، الميزانيات التقديرية، التقارير، المؤشرات الكمية وغيرها من الأدوات.

كما سيركز المبحث الثالث على كيفية تطبيق مفهوم التطوير التنظيمي في المصارف وذلك من خلال إنشاء وحدات للتطوير التنظيمي ضمن المؤسسات المصرفية. كما سيتم البحث في كيفية تقويم نتائج جهود التطوير التنظيمي وتحديد الجهات المسؤولة عن ذلك.

المبحث الأول

وظيفة التنظيم في المؤسسات المصرفية

أولاً ـ مفهوم المؤسسات المصرفية وأنواعها.

ثانياً ـ خصوصية وظيفة التنظيم في المصارف.

ثالثاً ـ التنظيم الداخلي للمصارف التجارية

أولاً ـ مفهوم المؤسسات المصرفية وأنواعها

من الصعب أن نذكر تعريف شامل للمصارف وذلك لأن المصارف في معظم الدول تباشر نشاطاتها في الحدود التي ترسمها لها تشريعاتها وأنظمتها.

قدم عدد من الباحثين تعاريف عديدة للمصارف فقد عرف (اللوزي، زويلف) المصارف على أنها مؤسسات مالية يلتقي فيها عرض النقود والطلب عليها. [1]

وعرفت كذلك بأنها منشآت هدفها الرئيسي قبول الودائع والإقراض وتقديم خدمات أخرى. [2]

كما عرف البديري المصارف التجارية على أنها ((منشآت تهدف أساساً إلى تحقيق الربح بالإضافة إلى المساهمة في تنمية الاقتصاد القومي حيث يرتبط نشاط المصارف التجارية بتداول الأموال في صورتها النقدية كما تقوم هذه المصارف بتجميع مدخرات الأفراد والمنشآت على هيئة ودائع واستثمار هذه الودائع في إقراض الغير أو استثمارات أخرى تعود بفوائد على المصرف بالإضافة إلى تقديم الخدمات للعملاء مقابل فائدة)). [3]

وقد قدم بعض الباحثين تعريفاً مبسطاً للمصارف فاعتبروا المصرف منشأة تتخذ من الاتجار في النقود حرفة لها.

1- سليمان أحمد اللوزي، مهدي حسن زويلف، مدحت ابراهيم الطراونة، (إدارة البنوك)، دار الفكر، عمان، 1997م، ص17.

2- السيد الهواري، (أساسيات إدارة البنوك)، مكتبة عين شمس، القاهرة، 1991، ص1.

3- حسين جميل البديري، (البنوك مدخل محاسبي وإداري)، دار الوراق، عمان، 2003،ص16.

إلا أن التعاريف السابقة تنطبق بنسبة كبيرة على المصارف التجارية فقط فيما هنالك أنواع أخرى من المصارف تختلف نشاطاتها عن نشاطات المصارف التجارية ونذكر منها: **(المصارف المركزية ـ المصارف التخصصية "صناعي، زراعي، عقاري، تجارة خارجية"ـ المصارف الإسلامية ـ مصارف الاستثمار ـ مصارف الادخار).**

إن الأنواع السابقة من المصارف تختلف في العديد من النواحي عن المصارف التجارية من حيث الغايات التي توجد من أجلها، وعملائها، وطريقة عملها، وملكيتها، وطرق إدارتها. وبما أن هذا البحث يتناول وظيفة التنظيم في المصارف التجارية حيث سيتم الاقتصار على دراسة النواحي التنظيمية وجهود التطوير التنظيمي في المصارف التجارية حيث أن كل نوع من أنواع المصارف الأخرى يحتاج إلى العديد من الأبحاث المتخصصة للإحاطة به.

ثانياً ـ خصوصية وظيفة التنظيم في المصارف

إن لوظيفة التنظيم في المصارف خصوصية معينة. فإذا بدأنا بالبناء التنظيمي للمصارف، سنجد جملة من العوامل المؤثرة في تحديد ماهية وشكل البناء التنظيمي للمصرف ويمكن أن نذكر هذه العوامل كما يلي:

* أهداف المصرف

تعتبر الأهداف التي يسعى المصرف لتحقيقها من العوامل المؤثرة في البناء التنظيمي الخاص به وتقسم الأهداف إلى:

أ_ أهداف مالية: زيادة الربح، تعظيم العائد على الاستثمار، المحافظة على نسبة معينة من السيولة.

ب ـ أهداف تسويقية: زيادة الحصة السوقية، تحسين الخدمات المقدمة وتخفيض تكلفتها، المحافظة على سمعته، الصمود أمام المنافسين.

ج ـ أهداف عامة لخدمة المجتمع والدولة: لتحقيق غايات اجتماعية أو تنموية أو خدماتية أو بيئية..........إلخ.

بشكل عام إن تعدد الوحدات التنظيمية له علاقة واضحة بتعدد وتنوع أهداف المصرف.

* حجم الأنشطة والخدمات التي يقدمها المصرف

إذا اقتصر عمل المصرف على الإيداع والائتمان يقتصر هيكله التنظيمي على أقسام للإيداع والائتمان مع بعض الوحدات الخدمية بينما مع تنوع الأنشطة تزداد الأقسام المتخصصة ويزداد تعقيد الهيكل التنظيمي.

* التخصص

إن المصارف التجارية تزاول نشاطات متنوعة مما يؤدي إلى تعدد أقسامها الإدارية مقارنة بالمصارف التخصصية.

* المرونة

إن التغير السريع في البيئة الاقتصادية والتطورات التكنولوجية المتلاحقة وازدياد حاجات العملاء يتطلب كل ذلك تحقيق مرونة في الأداء. والبناء التنظيمي المتطور للمصرف التجاري قد يحتاج لإنشاء إدارة للأبحاث والتطوير لتعمل على استشراف التطورات المستقبلية واحتياجات العملاء وتضع الخطط لتلبيها.

* الانتشار الجغرافي (تعدد الفروع)

كلما ازداد حجم العمليات التي يقوم بها المصرف واتسعت الرقعة الجغرافية التي يغطيها أو ازدادت فروعه يؤدي ذلك إلى تعقد البناء التنظيمي.

* التقدم التكنولوجي

ويقصد بذلك بشكل أساسي التطور في مجال استخدام الحاسب وثورة الاتصالات حيث أدى إدخال الحاسب إلى بيئة العمل المصرفي إلى تغيير جذري في نمط العمل مؤدياً إلى رفع الكفاءة وتخفيض عدد الأفراد العاملين وتغيير في نمط المهارات المطلوبة وأدى ذلك إلى نشوء أقسام مختصة بالحواسب في المصارف وأدى إلى دعم القرار ودعم نطاق الإشراف.[1]

ونتيجة لخصوصية وظيفة التنظيم في المصارف التجارية فإن بناء الهيكل التنظيمي يتأثر بمدى نمو واتساع أعمال المصرف **ويمكن أن نحدد**

1- مرجع سابق (اللوزي/زويلف/الطراونة/ص78/1997م)

بحسب مجموعة من الباحثين الأنماط التالية لبناء الهيكل التنظيمي في المصارف التجارية:

ـ النمط الدائري

ويمكن أن نشبهه بدائرة يتوسطها المدير وهذا النمط مناسب للمصارف في المراحل الأولى لتأسيسها حيث يكون عدد الموظفين محدوداً وكذلك حجم النشاطات وتكون الاتصالات عادة ذات طابع غير رسمي ولا يوجد هيكل رسمي للعلاقات التنظيمية.

ـ النمط الوظيفي

يناسب هذا النمط المرحلة التي تلي التأسيس حيث تأخذ الاتصالات الطابع الرسمي ويتم التركيز على تطوير الكفاءة في العمل والتأكيد على الهيكل التنظيمي وتشكيل إدارات متخصصة بحسب نشاطات المصرف.

ـ النمط اللامركزي

ويناسب هذا النمط المصارف عندما يكبر حجمها ويتسع انتشارها ويزداد رقم وأنواع أعمالها ويكون التنظيم اللامركزي في المصارف على عدة أنواع لكن أهمها الجغرافي وبالدرجة الثانية الوظيفي وبحسب العملاء. وفي ظل هذا النمط من التنظيم يُمنح الفرع صلاحيات تنفيذية واسعة ويتم تفويض العديد من السلطات لمدراء الفروع وذلك لتأمين المرونة في أداء المصرف والاستجابة السريعة للمتطلبات على أرض الواقع.

ـ النمط المتعدد الأسس (المتكامل)

قد يجمع بناء الهيكل التنظيمي عدة أنماط من الأنماط المذكورة سابقاً بحيث تتكامل فيما بينها للوصول إلى بناء هيكل تنظيمي يناسب

تعدد النشاطات التي يمارسها المصرف وتعدد فروعه واتساع شبكة عملائه وتنوع حاجاتهم.[1]

ثالثاً ـ التنظيم الداخلي للمصارف التجارية

إن المصارف التجارية تتنوع بشكل كبير من ناحية تنظيمها الداخلي ويتكون الهيكل التنظيمي للمصرف التجاري عادة من مجلس إدارة يرأسه رئيس مجلس الإدارة وقد يكون هو نفسه المدير العام للمصرف ومجموعة من الإدارات المتخصصة ومجموعة من الفروع ويمكن تحديد هيكل تنظيمي لمصرف تجاري على الشكل التالي:

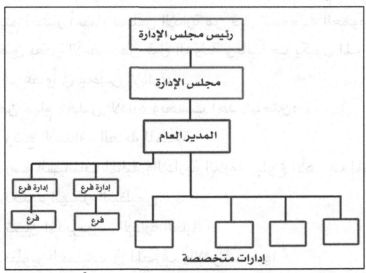

الهيكل التنظيمي لمصرف تجاري[2]

1- (اللوزي/زويلف/الطراونة/ص81/1997م)

2- مرجع سابق (البديري/ص35/2003م)

ونقدم فيما يلي بإيجاز أهم معالم الهيكل التنظيمي للمصرف التجاري:

* مجلس الإدارة

هو السلطة الرئيسة في المصرف وهو المسؤول عن رسم السياسات التي يعمل المصرف بموجبها ورغم أنه لا يتدخل في العمليات اليومية فهو يفوض المديرين في ذلك إلا أنه يبقى المسؤول الأول عن نجاح عمليات المصرف.

ويتم اختيار أعضاء مجلس الإدارة من قبل الجمعية العمومية وقد يتم تعيين بعض الأعضاء من قبل الدولة وغالباً ما يكون المدير العام للمصرف عضواً في مجلس الإدارة.

ومن مهام مجلس الإدارة وبحسب أحد الباحثين:

ـ وضع الأهداف العامة للمصرف.

ـ رسم السياسات المالية والإدارية اللازمة لبلوغ الأهداف الموضوعة.

ـ تحديد الهيكل التنظيمي.

ـ تعيين المديرين في الإدارة العليا.

ـ تطوير العمليات في المصرف والإشراف عليها.[1]

* الأقسام والإدارات في المصرف

تتعدد أقسام المصرف وإداراته بحسب أوجه النشاطات المتعددة التي يمارسها المصرف ومدى الأهمية النسبية لهذه النشاطات ويمكن أن نجمل نشاطات المصرف التجاري بالتالي: (قبول الودائع، تقديم القروض، حفظ الأشياء في خزائن الأمانة، تحصيل شيكات وكمبيالات، تحويل

1- طلعت أسعد عبد الحميد، (إدارة البنوك المتكاملة)، مؤسسة الأهرام، القاهرة، 1998، ص243)

الأموال، الاستثمار في الأوراق المالية) وعلى ضـوء هـذه النـشاطات يمكننـا تصور هيكل تنظيمي لمصرف تجاري على الشكل التالي:

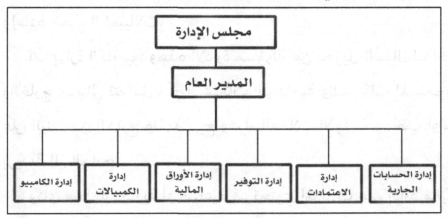

هيكل تنظيمي لمصرف تجاري[1]

وتكون مهام هذه الأقسام كالتالي:

1ـ إدارة الحسابات الجارية: فتح وإمساك الحسابات الجارية وقبول إيداعات العملاء وصرف شيكاتهم.

2ـــ إدارة الاعـتمادات: فـتح الاعـتمادات المختلفـة للعمـلاء ومنهـا اعتمادات تمويـل المقـاولين والمـستوردين واعـتمادات الـضمان الابتدائيـة والنهائية.

3ـ إدارة التوفير: فتح دفاتر التوفير للعملاء وإمساك حساباتها وقبول الإيداعات في دفاتر التوفير وصرف السحوبات منها.

4ـ إدارة الأوراق المالية: قبول وحفظ الأوراق المالية لحساب العملاء والأوراق المملوكة للمصرف ومراقبة مواعيـد الـصرف وتحـصيلها لحـساب المصرف أو العملاء.

1- مرجع سابق (اللوزي/زويلف/الطراونة/ص1997/94).

5ـ إدارة الكمبيالات: استلام وحفظ وتحصيل الكمبيالات وخصم وإعادة خصم الكمبيالات.

6ـ إدارة الكامبيو: وهذه الإدارة مسؤولة عن تحويل الأموال للداخل والخارج وبالتالي تتعامل مع الشيكات السياحية والشيكات المسحوبة على البنك من الخارج وتقوم ببيع وشراء العملات الأجنبية وسحب أوامر بريدية إلى الخارج.

وكأي منظمة تجارية أو صناعية قد تحتوي المصارف على إدارة مالية، إدارة التسويق، إدارة التخطيط، إدارة الرقابة، إدارة البحوث، إدارة الشؤون القانونية، إدارة تنظيم وتدريب.

وفي الأغلب تمارس هذه الإدارات نشاطاتها المتخصصة كما الإدارات في باقي المؤسسات التجارية أو الصناعية وعند توسيع المصارف وازدياد نشاطاتها وإنشاء عدد من الفروع قد تلجأ المصارف إلى إحداث إدارة للفروع وإدارة للتفتيش وقد يتطلب الأمر إنشاء إدارة للبحوث المالية والاقتصادية.

المبحث الثاني

البعد النظري لقياس مستويات الأداء المصرفي

1. معدلات انتظار العملاء.
2. مصفوفة الأداء المتوازن.
3. الميزانيات التقديرية.
4. التقارير.
5. المؤشرات الكمية (تحليل المركز المالي).

البعد النظري لقياس مستويات الأداء المصرفي

إن الهدف الأساسي من قياس مستويات الأداء في أي منظمة يهدف لتحسين الأداء ورفع درجة المساءلة والمحاسبة.[1]

ويقاس أداء أي منظمة إما بمقارنته مع منظمات أخرى في نفس المجال أو مع أداء المنظمة في أعوام سابقة أو مقارنة الأداء مع التوقعات أو بمنظومة المعايير والمقاييس المعتمدة.

إن من الطرق المتبعة لتقييم الأداء وضع مجموعة من الأهداف ومن ثم تقسيمها إلى أهداف بعيدة ومتوسطة وقصيرة الأمد وثم ترجمة هذه الأهداف إلى خطط وبرامج محددة بجدول زمني متضمنة معايير معينة للإنجاز تتم عملية التقييم من خلالها ويرى أحد الباحثين أنه يمكننا تصنيف الأهداف من حيث إمكانية القياس إلى أربع فئات:

ـ أهداف يمكن قياسها بالمعيار المالي: ما يتعلق بالربحية والميزانية والالتزام بالاقتصادية في الصرف ومتابعة تكاليف الأعمال.

ـ أهداف لإنجاز مشروع أو عمل معين: متابعة مشاريع تم التخطيط لإنجازها في مدة زمنية محددة وبتكلفة معينة.

ـ أهداف ممكن قياسها مباشرة بمعايير غير مالية: تقييم الجودة والوقت والمرونة.

ـ أهداف لا يمكن قياسها مباشرة ويمكن قياس نتائجها: تقييم نتائج وتأثير السياسات والقوانين والإجراءات.[1]

Kamensky.J,(Program performance Measures), 1993, P398 -1

2- د.محمد عيسى الكويتي، (الإصلاح الإداري في البحرين)، مؤسسة الأيام، المنامة، 2005، ص76)

إن معرفة مدى تحقيق الأهداف يحتاج إلى نوعين من المتابعة متابعة الإنجاز من خلال التقارير الدورية والنوع الثاني الاعتماد على معايير قياس مستوى الأداء من حيث الفاعلية والكفاءة الاقتصادية.[2]

ويرى الدكتور محمد عيس الكويتي أن المسؤولين في كثير من المنظمات يركزون على المعايير المالية بدرجة كبيرة دون اهتمام مماثل بالجوانب الأخرى للأداء مثل كفاءة الأعمال (من حيث التكلفة والوقت والجهد) ورضا الزبون، وتنمية القوى البشرية. والاعتماد على القياس المالي يقوم على افتراض أن جميع الأهداف تصب في النهاية على تقوية المركز المالي والربحية.[3]

وهذا قد يكون صحيحاً إلى حد ما غير أن المعيار المالي في الغالب هو نتيجة حسن الأداء في الأعوام الماضية، ولا يضمن أداءً جيداً في المستقبل، وبالتالي هناك حاجة إلى متابعة المعايير الأخرى لتحقيق توازن في مختلف المجالات مثل الزبائن والموظفين والمجتمع وكفاءة الأعمال والقدرة على الإبداع وتطوير القدرات المختلفة التي يعتمد عليها حسن الأداء المالي في المستقبل.

أولاً ـ معدلات انتظار العملاء

من أهم المعايير التي تركز عليها أدبيات الإدارة لقياس الأداء المصرفي هي معدلات انتظار العملاء لما لها من تأثير على رضا العملاء ومعدلات انتظار العملاء هي الوقت الإجمالي الذي يستغرقه العميل لإنجاز خدماته المصرفية داخل البنك أي الوقت اللازم لأداء الخدمة المصرفية + الوقت المستغرق في

Wisniewski, Milk and stewart, Derek, using the statutory audit to support (1-
(continues improvement, 2001, P540

2- مرجع سابق (الكويتي، 2005، ص 78)

مراجعة ونقل وقيد المستندات بالإضافة إلى الوقت المستغرق في الحركات غير الضرورية التي تتم أثناء وجوده وتؤثر على مراحل الإنجاز المختلفة.

إن دراسة معدلات الانتظار يمكن أن تسترشد بها الإدارة كمدخل للتغيير والتطوير التنظيمي واتجاه رئيسي لتطوير أداء الخدمات المصرفية وبرأي أحد الباحثين هناك عدد من العوامل التي تؤثر في معدل انتظار العملاء في المصرف من أهمها:

ــ مساحة الوحدة والصالة والتقسيم الداخلي لها حيث أن مساحة الوحدة كشيء مطلق لا يمكن التعويل عليه إذا لم يقترن بحجم العملاء ونوعيتهم إلا أنه من الممكن القول بأن كبر مساحة الوحدة يتيح للإدارة حرية أكبر في إعادة تنظيمها بصورة ملائمة عند الضرورة وتقلل إحساس العملاء بالتأخير.

ــ نوعية العملاء: تؤثر نوعية العملاء في معدل الوقت الذي يقضونه في المصرف ومدى ما يتمتعون به من وعي مصرفي ومن معرفة بأعمال المصرف ونظمه.

ــ نوعية العاملين: تؤثر درجة مهارة العاملين على مدى أدائهم لأعمالهم بالسرعة المطلوبة وبالتالي تقلل من معدلات انتظار العملاء.

ــ عدد منافذ الخدمة ومدى تجهيزها الآلي: كلما زاد عدد منافذ الخدمة أمكن التقليل من مدة انتظار العملاء وهنا يجب أخذ تكلفة فتح منافذ جديدة بالحسبان ويؤثر ترتيب منافذ خدمة العملاء وتسلسلها على سرعة أداء الخدمة.

ــ نظم إجراءات القيد في الدفتر: كلما قلت إجراءات القيد الضرورية أثناء وجود العميل منتظراً بصالة المصرف كلما قصرت فترة الانتظار على أن لا

يتعارض قصر الإجراءات مع مستلزمات الرقابة والأمان ومن الـضروري أن يأخذ المنظمون بالحسبان ساعات الذروة وساعات انخفاض الزحام.[1]

ويجب أن نلحظ أن معيار معدل انتظار العملاء يكتسب أهميته ليس فقط من خلال تأثيره على رضا العملاء بـل هـو أيضاً معيار لمـدى كفاءة أداء العمليات الداخلية في المصارف كما هو مؤشر عن الاستراتيجية التي تتبعها الإدارة بالنسبة إلى خلق صورة إيجابية عن المصرف لدى كافة شرائح العملاء الحاليين والمتوقعين.

ثانياً ـ مصفوفة الأداء المتوازن

هي أحد أهم مداخل التقييم الحديثة والتي يمكـن للقطاع المصرفي الاستفادة منها في قياس وتقييم مستويات الأداء.

إن مصفوفة الأداء المتوازن هـي بمثابـة لوحـة قيـاس شاملة لجميـع المؤشرات الضرورية لمتخذ القرار.. كما أنها توضح علاقات المؤشرات بعضها ببعض. وتعد مصفوفة الأداء المتوازن من الطرائق المطورة حديثاً مـن أجـل دمج الإستراتيجية طويلة المدى ضمن نظام الإدارة.. وهي بالتالي مـن أهـم الأدوات الممكن استخدامها لتقييم الأداء مـن خـلال قياسـه بالمقارنة مـع الأهداف الموضوعة.

وبسبب مفهوم تصميمها الشامل أضحت إطاراً ممتازاً لكل مبـادرات التحسين بالإضافة إلى استخدامها لتقييم الأداء فهي تـشجع عـلى التفكير المنظومي مما يساهم في دمج الإستراتيجية بالحياة اليومية للمنظمة..

إن الرؤية تصف الهدف النهائي أما الإستراتيجية فهي فهم لكيفية بلـوغ الهدف وتشكل مصفوفة الأداء المتوازن وسيلة لترجمة الرؤية إلى مجموعة

1- مرجع سابق (عبد الحميد، إدارة البنوك المتكاملة، 1998، ص252)

واضحة من الأهداف من أجل تحسين الأداء الحالي ودمج وترتيب الأهداف من حيث الأولوية في صورة إستراتيجية تغيير...

ومن هنا يمكننا أن نعتبر أن مصفوفة الأداء المتوازن هي من جهة أداة للتقييم ومن جهة أخرى إستراتيجية من استراتيجيات التطوير والتحسين التنظيمي.

إن مصفوفة الأداء المتوازن وبعكس نظم القياس التقليدية ذات الأساس المالي تقوي تركيز المنظمة على النجاح المستقبلي من خلال وضع الأهداف وقياس الأداء من أربعة منظورات متميزة تعطي مجتمعة رؤية شاملة ومتوازية وهي بحسب أحد الباحثين كما يلي:

ـ **منظور التعلم والنمو:** يوجه الاهتمام إلى أصل ومورد المنظمة الرئيسي ألا وهو الأفراد، حيث أن الاستثمار الكافي في الأفراد يعد أحد عوامل النجاح على المدى الطويل وسوف يزيد إيجاد منظمة معتمدة على التعلم بدرجة كبيرة من الرضا الوظيفي للموظفين في جميع أنحاء المنظمة.

ـ **المنظور الداخلي:** يركز على جودة أداء العمليات الداخلية الرئيسية والتي هي الحركة الدافعة للمنشأة وأعمالها، وأن النجاح في تنفيذ استراتيجيات التحسين المتواصل في العمليات الداخلية هو بنسبة كبيرة مؤشر رئيس للنجاح المالي في المستقبل.

ولكي تترجم المنظمات العمليات العالية الجودة إلى نجاح مالي يجب عليها أن ترضي عملائها ويجب أن يسفر التعرف الصحيح على العمليات الحرجة وقرار تخصيص الموارد لتحسينها عن منتجات أو خدمات ذات جودة أفضل ترضي العملاء.

من جهة ثانية إن إشراك الموظفين في جميع المستويات واستطلاع أفكارهم ووجهات نظرهم حول التحسينات في العمليات الداخلية، وكذلك الموردين

الذين أصبح ينظر إلهم على أنهم شركاء يجب تحسين العلاقات معهم. كل هذا يعزز تحسين مستوى الأداء وتطوير جودة الخدمات المقدمة.

ـ **منظور العميل**: أي أنه يجب على المنظمة أن تنظر بعيون العميل فتركز على حاجاته وتسعى لنيل رضاه.

ـ **منظور نتائج الأداء الرئيسية**: وهو يقيس النتائج النهائية التي أُحدثت منشأة الأعمال من أجلها وهي عادة النتائج المالية (الميزانية، حسابات المتاجرة، الأرباح والخسائر، حسابات التشغيل، المؤشرات المالية) وغيرها من النسب ويسري كذلك هذا المنظور على الصورة الذهنية للعلامة التجارية والحفاظ على السمعة الطيبة النابعة من الجودة الشاملة للمنتجات والخدمات.[1]

منذ أن قام (كابلان ونورتون) عام 1992 بإدخال النموذج النظري الأصلي حظيت مصفوفة الأداء المتوازن بقبول سريع من جانب القطاع العام والخاص على حد سواء حيث من السهل إدراك القيمة العائدة على المديرين من مجموعة مركزة من قياسات الأداء، وهي إلى ذلك أكثر من مجرد قائمة من المقاييس المجمعة في أربع فئات، فهي ترجمة للإستراتيجية أو إطار لصياغتها.

ولكي تكون مقاييس الأداء المتضمنة في مصفوفة الأداء المتوازن ذات جودة عالية ومتصلة بالإستراتيجية يجب أن تحقق ثلاثة معايير:

ـ **علاقات السبب بالنتيجة**: كل مقياس مختار من أجل مصفوفة أداء متوازن ينبغي أن يكون جزءاً من سلسلة علاقات سبب ونتيجة تمثل الإستراتيجية.

ـ **محركات الأداء**: تعرف المقاييس التي تشترك فيها معظم الشركات داخل صناعة ما باسم (المؤشرات المتأخرة) ومن أمثلتها الحصة السوقية

1- مرجع سابق (بيتر ريد، 2005، ص138)

والاحتفاظ بالعملاء، أما المؤشرات المتقدمة أو محركات الأداء فهي تميل أن تكون متفردة لأنها تعكس الاختلافات في الإستراتيجية.

ومصفوفة الأداء المتوازن الجيدة يجب أن تتضمن مزيج من المؤشرات المتقدمة والمتأخرة.

ـ الصلة بين الموارد المالية ونتائج الأداء الرئيسية:

مع انتشار برامج التغيير والتطوير في معظم المنظمات اليوم يصبح من السهل الانشغال بأهداف محددة مثل الجودة أو إرضاء العملاء أو الابتكار، ورغم أن هذه الأهداف كثيراً ما تكون إستراتيجية إلا أنها يجب أن تترجم إلى مقاييس مربوطة بمؤشرات قابلية الاستمرار المالية (ويقصد بقابلية الاستمرار المالية أن لا يكون تحقيق هذه الأهداف ذي عبء كبير على موارد المنظمة وبشكل غير متناسب مع الفوائد التي ستبينها المؤسسة).[1]

ثالثاً ـ الميزانيات التقديرية

ولها دور حيوي في عملية التخطيط وهي أداة رقابية في ذات الوقت ويتم تقييم أداء الوحدات المختلفة في المصرف من خلال مدى تنفيذ الخطط الموضوعة مسبقاً ويتم التعرف على ذلك عن طريق مقارنة النتائج الفعلية بالتقديرات الموضوعة في الميزانية ولا يجب أن تتم هذه المقارنة فقط بعد نهاية السنة المالية إذ يعني ذلك تراكم للانحرافات خلال عام كامل وبالتالي صعوبة إصلاحها.

ولذلك تجري المقارنات خلال فترات دورية (ويفضل أن تكون شهرية في المصارف التجارية) لاكتشاف الأخطاء فور حدوثها ويتطلب ذلك أن تكون

1- (Harward Business Review, May – June 2000)

بيانات الميزانية التقديرية قد أعدت بالطريقة السليمة والدقة المطلوبة وأن تحظى باقتناع جميع مستويات التنفيذ وأن تشارك فعلياً في إعدادها.

رابعاً ــ التقارير

وهي من أهم الأدوات المستخدمة في الرقابة وتقييم الأداء باعتبارها إحدى وسائل الاتصال بين المستويات المختلفة في المصرف.

وتتعدد أنواع التقارير وفقاً لنوعية النشاط ومدى خطورته بالنسبة للمصرف ويجب أن تعد التقارير في الوقت الملائم وأن تتصف بالسهولة في فهم محتوياتها وأن يتم عرضها بالصورة التي لا تتطلب مجهودات من رجال الإدارة لفهمها.

وتتضمن هذه التقارير مختلف نواحي النشاط في فروع المصرف مثل تطور الودائع وفقاً لأنواعها، تحليل الإيرادات والمصروفات، التقارير المتعلقة بنسب الاحتياطي والسيولة والمعاملات الخارجية للمصرف، التقارير المتعلقة بخطط التدريب وبرامج التطوير....إلخ.

خامساً ــ المؤشرات الكمية أو ما يطلق عليه تحليل المركز المالي

يعتبر استخدام النسب المالية من الأدوات المهمة المستخدمة في تقييم نشاط المصارف ومن أهم هذه المؤشرات: السيولة، ملاءمة رأس المال، مستوى توظيف الأموال، الربحية.

إن تحليل المركز المالي يعد ذا أهمية كبيرة حيث تهتم إدارة المصرف دائماً بسيولة المصرف باعتبار أن أصحاب الودائع تحت الطلب قد يطلبونها في أي وقت فإذا تأخر المصرف عن الدفع قد يعرض نفسه للإفلاس هذا من جهة،

201

من جهة أخرى أن التناسب بين الأموال المملوكة للمصرف وإجمالي موارد المصرف مطلوب لكي لا يعتمد المصرف بصورة شبه تامة على أموال الغير. كما أن معرفة الربحية وسرعة دوران الأموال مهمة لإدارة المصرف لتقييم مدى صحة توظيفات الأموال ولإلغاء الضياع في وقت ومجهود موظفي المصرف وخفض تكاليف أداء الخدمات المصرفية وزيادة الإنتاجية بالتالي.

كما أن مدى الأمان الذي يحققه المصرف للمودعين ومدى قدرته على إقراض زبائنه يعد من المحددات الأساسية التي تؤثر على مصداقية وسمعة المصرف.

أن أهم النسب المالية التي تستخدمها المصارف هي التالية:

* **المعايير النقدية (السيولة):**
ومن أهمها نسبة الاحتياطي القانوني ونسبة السيولة القانونية.

تعد نسبة الاحتياطي القانوني ونسبة السيولة القانونية من النسب التي يحددها المصرف المركزي عادةً وتتراوح نسبة الاحتياط القانوني حول الـ 25% وهي أداة من أدوات المصرف المركزي لتوسيع أو تقليص الائتمان الممنوح في الاقتصاد الوطني، ففي حال رغبة المصرف المركزي معالجة حالة التضخم يرفع من نسبة الاحتياطي القانوني وفي حال وجود انكماش في الاقتصاد الوطني يقلل من نسبة الاحتياطي القانوني مما يؤدي إلى زيادة كمية الائتمان. إن نسبة السيولة الوسطية هي 30% وقد تضيف بعض المصادر إلى نسبة السيولة في البسط (الذهب + شيكات وحوالات وأوراق مالية وعملات أجنبية تحت التحصيل + أوراق تجارية مخصومة 12 شهر) وتضيف إلى المقام (القيمة غير المغطاة نقداً من خطابات الضمان المصدرة).[1]

1- محمد سعيد أنور سلطان، (إدارة البنوك)، دار الجامعة الجديدة، الاسكندرية، 2005، ص132.

* معدلات ملاءمة رأس المال (أمان المصارف):

معيار قـدرة المـصرف عـلى رد الودائع ويعد المعيـار المقبـول عالميـاً 10%.

ومعدل الأصول الخطرة

ومعدل هامش الأمان في مقابلة مخاطر الاستثمار

وتظهر هذه النسبة قدرة المصرف على تحمـل الخسـائر الناتجـة عـن هبوط قيمة استثماراته من الأموال المملوكة له فإذا كانت النسبة ضعيفة سيعتمد المصرف على الودائع لتحمل الخسارة.

ومعيار مخاطر التوظيـف الـذي يظهـر قـدرة المـصرف عـلى تغطيـة الخسائر الناتجة عن منح قروض نسبة المخاطرة بها عاليـة مـن الأمـوال المملوكة له.

* معدلات توظيف الأموال

تقيس هـذه المعـدلات مـدى توظيـف المـصرف للأمـوال في القـروض والتي هي المصدر الأساسي لتحقيق الربح في المصرف. ومن أهمهـا معـدل إقراض الودائع ومعدل توظيف الودائع

معدل إقراض الودائع

معدل توظيف الودائع

يعاب على النسبة السابقة إن المقام يشمل فقـط الودائع وبالتـالي لا يبين مدى استخدام كامل الأموال المتاحة.

معدلات الربحية:

تهـدف المـصارف إلى تحقيـق الربحيـة ويجـب أن تـتم الموازنـة بـين الـربح والسيولة لان هناك تعارض بين هدف الربح وهدف السيولة. ومـن أهمهـا معـدل

العائد على رأس المال المدفوع والعائد على حقوق الملكية والعائد على الموارد والعائد على الودائع

لقد تنوعت المداخل التي اعتمدها الباحثون في قياس وتقييم الأداء المصرفي فقد ركز بعضهم على المؤشرات المالية والكمية وذهب فريق إلى التركيز على النواحي الإستراتيجية وتقييم الأداء المصرفي بمدى تحقيقه للإستراتيجية المرسومة.

بينما ركز فريق آخر على نواحي معينة في العمل المصرفي كمعدلات انتظار العملاء أو التقارير أو الميزانيات التقديرية.

أدى بالمقابل التركيز على المؤشرات المالية والكمية إلى اتجاه يدعو إلى الاهتمام بشكل أكبر بالمعايير غير المالية والجودة والمرونة وسرعة أداء الخدمة ورضا العملاء وتنمية القوى البشرية.

ونعتقد أن جميع هذه المداخل في الواقع مكملة لبعضها البعض حيث تغطي جوانباً مهمة من العمل المصرفي ولتحقيق النجاح في تقييم الأداء المصرفي يجب على الإدارة أن تعتمد على حزمة واسعة من أدوات التقييم المختلفة.

المبحث الثالث

تقويم التطوير التنظيمي وآثاره على مستوى الأداء المصرفي

أولاً ــ إنشاء وحدات التطوير التنظيمي في المصارف.

ثانياً ــ موقع وحدات التطوير التنظيمي في المصارف.

أولاً ـ إنشاء وحدات التطوير التنظيمي في المصارف:

إن من المهام الرئيسة للإدارات العليا الاهتمام بالتطوير والتحديث المستمر لكافة جوانب العمل الإداري ولكافة مكونات المنظمة المادية والمعنوية.

إلا أن الرؤساء الإداريين في المستويات العليا كثيراً ما لا يجدون متسعاً من الوقت للإهتمام بالتطوير التنظيمي بجوانبه المختلفة حيث أن الانشغال بالأمور الهامة الأخرى كرسم السياسة العامة والتخطيط والاتصالات الخارجية والإشراف على أعمال الموظفين والقيام بالأعمال اليدوية وغيرها من الأعمال يستنفذ معظم أوقات المدراء.

كما أن التطوير التنظيمي أصبح تخصصاً فنياً هاماً يتطلب دراسات وخبرات خاصة لا تتوفر لدى بعض الرؤساء الإداريين.

إن مجمل العوامل السابقة يدفعنا للاعتقاد بأنه أصبح من الضروري إنشاء وحدات متفرغة ومتخصصة في التطوير التنظيمي وأبحاثه وباعتقاد أحد الباحثين فأن هذه الوحدات يمكن أن تساهم في جهود التطوير التنظيمي من خلال إجراء الدراسات، وتقديم التوصيات والمقترحات في أمور التنظيم والإدارة وبإبداء الرأي والنصح والمشورة للرئيس الإداري في كل ما يعرض له من مشاكل في المنظمة التي يرأسها.[1]

كما يمكن أن تقوم بمهام التدريب المتعلقة بالتطوير التنظيمي ويقودنا هذا التوجه إلى محاولة تحديد أهم الأعمال أو النشاطات التي يمكن لوحدات التطوير التنظيمي القيام بها.

1- مرجع سابق (عصفور، ص24، 2007)

اختصاصات وحدات التطوير التنظيمي:

تختلـف النـشاطات والأعمـال التـي بإمكـان وحـدات التطويـر التنظيمي القيام بها باختلاف المنظمات التي تنشأ فيها هكذا وحدات، حيث أن البنية الداخلية والخارجية للمنظمـة تحـدد إلى درجـة كبـيرة مهام هذه الوحدات إلا أنه بإمكاننا أن نحدد عدداً مـن النـشاطات الأساسية الموكل القيام بها لوحدات التطوير التنظيمي والتي يمكـن أن تقوم بها ضمن المؤسسات المصرفية:

1- إجراء الدراسات المتعلقة بالتطوير التنظيمي:

أي إجراء الدراسات عن الجوانب التنظيمية المختلفة لأجل التعرف على المشاكل التي تعرقل سـير العمـل في المنظمـة وتقـديم التوصيات والمقترحات لإزالة تلك العقبات والمشاكل.[1]

2- تصميم الأساليب وطرق العمل اللازمة للقيام بأي عمل جديد:

أي وضـع وتحديـد الخطـوات المتسلـسلة اللازمـة للقيـام بالعمـل الجديد قبل البدء بتنفيذ عملياته.

3- دراسة طرق القيام بالأعمال القديمة لأجـل تبسيطها وتحـسينها وتجري ممارسة هذا العمل من حين إلى آخر ولكن بصورة مستمرة.

4- إنشاء وسائل الرقابـة الإداريـة كإعداد نمـاذج ومعايير الكفـاءة ووضع معدلات الأداء المناسبة بحيـث تكون هـذه النمـاذج والمعايير أدوات يشترك بها الرئيس الإداري في ممارسة الرقابة على الموظفين.

5- إعـداد وتطـويـر أدلـة الإجراءات (طرق العمـل) المتبعـة في المنظمة:

Pfifner.J, Presthus R Public Administration, New York, Ronaold press, 1988, p4-5. -1

إن أدلة الإجراءات تتضمن وصفاً للمراحل التي تمر بها العمليات والإجراءات الإدارية في المنظمة وتساهم وحدات التطوير التنظيمي في إعداد هذه الأدلة والعمل على تطويرها دورياً.[1]

6- دراسة إمكانية الاستفادة من التجهيزات المكتبية الحديثة ودراسة تصميم المكاتب واقتراح أفضل الطرق لترتيب المكاتب والأثاث والأجهزة. بحيث تؤدي إلى سرعة العمل وراحة الموظفين والمتعاملين.

7- دراسة احتياجات المنظمة من العاملين بمختلف تخصصاتهم واقتراح برامج التدريب والتوظيف.

8- إدارة النماذج: أي المساعدة في تصميم النماذج، دراسة النماذج المستخدمة في المنظمة، مراقبة النماذج للتخلص من النماذج القديمة.

9- إدارة التقارير: وضع سياسة للمنظمة بخصوص إعداد التقارير وتنظيمها لتحقيق أكبر استفادة منها، والقضاء على الازدواجية في التقارير والتخلص من التقارير غير الضرورية وتنظيم التقارير ووضع قوائم بأسمائها ومحتوياتها لتكون مصدراً من مصادر المعلومات عن المنظمة.

10- إدارة السجلات: وضع السياسة للمنظمة للاحتفاظ بالسجلات والوثائق الهامة والتخلص من السجلات والوثائق غير الهامة.[2]

11- تقديم الاستشارات لجميع المستويات الإدارية في المنظمات والسعي لخلق ثقافة تنظيمية تؤمن بعمل الفريق والسعي الدائم لتحسين العمل وجودته وتقليص الإجراءات وتبسيطها.

1- (2-5) (Victor Lazzaro, systems and procedures, Englwoodcliffs, Prentice-Hall, 1985, P 5-6,)

2- مرجع سابق (8-10)(Pfifiner, P 4-5,1988)

12- متابعة الأبحاث والتطورات الحديثة في كافة المجالات الإدارية ومجالات التكنولوجيا فيما يتعلق بمجال عمل المنظمة بغية مواكبة أحدث الانجازات العلمية ودراسة سبل استفادة المنظمة منها.

ثانياً- موقع وحدات التطوير التنظيمي في المصارف

إن وحدات التطوير التنظيمي عند إحداثها في أية منظمة تأخذ صفة الأجهزة الاستشارية (Staff Agencies) وليس صفة الأجهزة التنفيذية (Line Agencies)[1]

وبالتالي فليس لدى وحدات التطوير التنظيمي صلاحيات إلزامية لتنفيذ توصياتها ومقترحاتها. وبالتالي تقتصر مهامها على إجراء الدراسات والأبحاث في ما يواجه المنظمة من عقبات ومشاكل ثم إعداد تقارير بالتوصيات والمقترحات ويعود للرئيس التنفيذي كامل الحرية في الأخذ بالتوصيات المقدمة إليه أو رفضها.

ويعلل أحد الباحثين سبب إعطاء وحدات التطوير التنظيمي دوراً استشارياً بالتبرير المنطقي التالي:

وهو أنه لو أعطيت تلك الوحدات صلاحيات إلزامية وتنفيذية فأن هذا الوضع سيؤدي إلى التصادم بين الرؤساء التنفيذيين للإدارات وبين خبراء التطوير التنظيمي. وبالتالي فالرئيس الإداري الذي تفرض عليه فرضاً بعض التغييرات في الإدارة التي يرأسها بواسطة وحدات التطوير التنظيمي فأنه لا يتحمس ولا يتعاون في سبيل إنجاز تلك التغيرات كما أنه لا يعتبر نفسه مسؤولاً في حالة الفشل الذي قد ينتج عن هذه التغيرات.[2]

1- مرجع سابق (عصفور، ص30، 2007)

2- (Thomas Kingdom, Improvement of organization and management, Brussels, P 55-56, 1989)

كما يرى أحد الباحثين أنه بكون وحدات التطوير التنظيمي أجهـزة استشارية فهذا يشجع هـذه الوحـدات على القيـام بأعمالها بـصورة جيدة حيث أن توصياتها لـن يؤخـذ بها إلا إذا كانت جيدة وملائمـة لأوضاع المنظمة، كما يتحتم على خبير التطـوير التنظيمي أن يكسب ثقة الرؤساء والموظفين في المنظمة وذلك لأجـل كـسب تعاونهم معـه ومساعدتهم لـه أثناء قيامـه بدراستـه ثم الاهتمام بالتوصيات التي يقدمها والتعاون في سبيل تطبيقها وإدخالها إلى المنظمة فيما بعد.[1]

وبرأي الباحث بأن التطوير والإصلاح يجب أن يكونـا نابعين مـن داخل الجهاز الإداري للمنظمة وصادرين عن رغبة الرؤساء الإداريين في إدخال التطـوير والتحديث الإداري إلى منظماتهم ولذا خولـت وحـدات التطوير التنظيمي صلاحيات استشارية ولم تعط صلاحيات تنفيذية.

ولا يخلو كون وحدات التطوير التنظيمي ذات دور استـشاري مـن بعض السلبيات فقد يقاوم بعض الرؤساء الإداريين محـاولات التطوير والإصلاح في إداراتهم ويرفضون ما يقدم إليهم من توصيات ومقترحـات وهنا يمكن اللجوء إلى عرض نتائج الدراسـات والتوصيات علـى رئيس إداري أعلى من الرئيس الـذي يقاوم الإصلاح وإذا ما اقتنـع الـرئيس الإداري الأعلى بوجاهة وأهمية التوصيات فأنه يتبناها ويأمر بتنفيـذها في الإدارة المعنية.

إلا أنه لا يستحسن اللجوء إلى هذه الوسيلة إلا في الحالات النادرة ويفضل أن يسود أسلوب الإقناع والتفاهم بين الرؤساء الإداريين وخـبراء التطوير التنظيمي.

1- مرجع سابق (عصفور، ص31، 2007)

الدراسة التطبيقية

/دور التطوير التنظيمي في تحسين النشاط المصرفي بالتطبيق على حالة المصرف التجاري السوري/

أقسام البحث

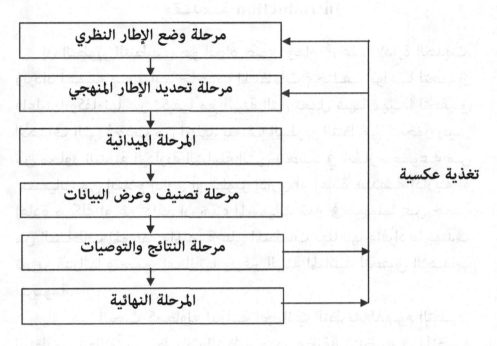

مراحل البحث العلمي [1]

---

1 (أبو النصر، ص121، 2004)

تحديد الإطار المنهجي للدراسة التطبيقية

مقدمة Introduction

إن التطوير التنظيمي هو اتجاه حيوي وهام في علم الإدارة الحديث، وتزداد أهميته مع تزايد حاجات المنظمات بمختلف أنواعها لتحسين فاعليتها وكفاءتها عبر تكيفها مع البيئة التي تعمل فيها تمهيداً لتحقيق الأهداف التي وُجدت من أجلها. يصنف التطوير التنظيمي كمحور رئيس من محاور التنمية الإدارية الشاملة التي تتحدد في إطار مجموعة من المسميات من إصلاح إداري أو تطوير إداري أو إعادة هندسة إدارية أو إعادة هيكلة أو غير ذلك. أن هذه المسميات تعبر في مجملها عن جملة من النشاطات الموجهة والمنصبة على المنظمات بهياكلها وأفرادها بهدف تعزيز قدراتها وتحسين إمكاناتها وتوفير البيئة المناسبة لتحقيق الأهداف المرسومة.

يأتي هذا البحث كمحاولة لدراسة الجوانب النظرية لمفهوم التطوير التنظيمي انطلاقاً من نظريات التنظيم ودور وظيفة التنظيم في المنظمة مع التركيز على طرائق واستراتيجيات التطوير التنظيمي.

أما من الناحية التطبيقية فسيتم التركيز على دراسة الواقع التنظيمي للمنظمة موضوع الدراسة وهي المصرف التجاري السوري بهدف دراسة الأبعاد التنظيمية فيه بما في ذلك الهياكل والأساليب والإجراءات التنظيمية.

إن الأسباب الدافعة لتطبيق البحث على إحدى المؤسسات المصرفية هو كون القطاع المصرفي معني بنسبة أكبر من غيره بمواضيع التطوير التنظيمي وتحسين الأداء وتنويع الخدمات وتجديدها، وذلك بسبب ظهور المنافسة الشديدة ما بين المؤسسات المصرفية الحكومية من جهة

والخاصة والعربية التي دخلت بقوة في السنوات الأخيرة إلى السوق السورية من جهة ثانية. ناهيك عن البيئة العالمية المصرفية والتي شهدت في الآونة الأخيرة أكبر أزمة يمر بها القطاع المصرفي العالمي مما أدى إلى تركيز الضوء على طبيعة وآليات عمل المصارف والسعي لتطويرها وزيادة فعالية عملها لمنع تكرار حدوث أزمات مماثلة مستقبلاً.

من جهة أخرى فإن التنوع في الخدمات التي تقدمها المصارف بشكل عام وتعقد المستويات التنظيمية والحجم الكبير للعمليات التي قد تشمل أكثر من دولة قد فرض ضرورة المراجعة الدورية لوظيفة التنظيم فيها، والعمل على تطويرها بشكل دائم ومستمر.

إن المصرف التجاري السوري بوصفه المصرف الأكبر في سورية هو حقل خصب لتطبيق نظريات التطوير التنظيمي في هيكله ونشاطاته، وذلك بعد دراسة واقع عمل هذا المصرف ومحاولة التعرف على المشكلات التنظيمية التي يعاني منها والسعي لاقتراح حلول ملائمة لها والتي قد تساعد على تطوير الهيكل التنظيمي بما يضمن التحديد الواضح للسلطة والمسؤولية وتحقيق المزيد من التوسع في تفويض السلطات. بالإضافة لتقديم مقترحات قد تساعد على تطوير الأنظمة والإجراءات المتبعة حالياً في المصرف التجاري السوري بما يساهم في تحسين الأداء المصرفي وتنويع الخدمات المقدمة للمتعاملين في إطار الجودة العالمية للنشاط المصرفي.

أهمية البحث The Importance of research

من خلال الإطلاع على بعض الدراسات والتقارير والبحوث المنشورة من المؤسسات المالية المحلية والعالمية تبين أن ضعف مستوى الأداء في المؤسسات المصرفية السورية يعود في جزء منه إلى تخلف الواقع التنظيمي وعدم إجراء المراجعة الدورية للهياكل التنظيمية بقصد الوقوف على مدى التوافق بين البنية التنظيمية وبين متطلبات تحسين كفاءة العمل المصرفي، الأمر الذي يُحتّم تطبيق الأساليب والطرق التنظيمية المعاصرة التي تساهم في تفعيل العمل المصرفي، ويبتدئ ذلك من خلال إجراء المزيد من الدراسات والبحوث العلمية النظرية والميدانية تمهيداً لتشخيص المشكلات التنظيمية التي تشكل تحديات حقيقية للمصارف الوطنية والعمل على اقتراح الحلول العلمية لهذه المشكلات.

لذا فإن أهمية هذا البحث تكمن في تسليط الضوء على الإنجازات العلمية في ميدان نظريات التنظيم المعاصرة وأساليب تطوير النشاط التنظيمي تمهيداً لإجراء دراسة معمقة على الواقع التنظيمي للمصرف التجاري السوري نأمل أن تسفر عن نتائج مهمة تساعد في تحسين الأداء المصرفي عبر التغيير التنظيمي.

أهــداف البحــث: Objectives for research

1. التعرف على أحدث الدراسات الأكاديمية والتطبيقية المعاصرة في ميـادين نظريـات التنظـيم والتطـوير التنظيمـي، وخاصـة بالنسبة للهياكل الإدارية في القطاع المصرفي.
2. إجراء دراسة مسحية واستقصائية معمقة للتعرف عـلى واقـع العمل التنظيمي في المصرف التجاري السوري من وجهة نظـر داخلية وأخرى خارجية تتعلق بالخدمات المقدمة للمتعاملين ومستوى جودتها وببنية المصرف التنظيمية الحالية.
3. العمل على الاستفادة من أحدث الإنجازات العلميـة النظريـة والميدانية ومـن الدراسـة التطبيقيـة التـي سـنقوم بهـا لعلنـا نـنجح في تقـديم المقترحـات الهادفـة إلى تطـوير النـشاط التنظيمي في المصرف التجاري الـسوري بمـا يـتماشى وظـروف وشروط البيئة المحلية والتحديات الحاليـة والمـستقبلية التـي تواجه القطاع المصرفي الوطني.

مشكلة البحث The problem of research

يتطور النشاط التنظيمي بشكل مستمر في المؤسسات المصرفية العالمية والعربية عملاً بقاعدة حتمية التطور والتطوير في الطرائق والأساليب والأدوات والتقانات الإدارية والفنية ألا يستدعي هذا المزيد من الاهتمام بالواقع التنظيمي في مصارفنا المحلية ومنها المصرف التجاري السوري الذي يعد الأول من حيث حجم تعامله بالمقارنة مع بقية المصارف الحكومية والخاصة؟، ألا يوجد فجوة واسعة بين الواقع التنظيمي المصرفي في الدول المتقدمة والعديد من الدول العربية من جهة ومصارفنا الحكومية ومنها التجاري من جهة ثانية؟. إن الإجابة على هذه التساؤلات تستدعي إجراء المزيد من الدراسات تمهيداً لإعداد سياسات وبرامج تطويرية على صعيد الهياكل التنظيمية والبنى المكونة للمصارف الوطنية لتصبح قادرة على مواكبة التطور العالمي في مجال التنظيم المصرفي.

منهـج البحـث Methodology of research

سيتم اعتماد منهج مختلط في إعداد هذه الدراسة، حيث سيستخدم المنهج المكتبي ــ الوصفي ــ التحليلي في الجانب النظري بالاعتماد على المراجع العربية والأجنبية والدراسات المتخصصة في مجال البحث. كذلك سيتم الاعتماد على الدوريات الإدارية العربية والأجنبية بغية مواكبة آخر التطورات والأفكار المستجدة ضمن إطار التطوير التنظيمي. ومتابعة آخر المقالات المتوفرة في المواقع الإدارية المتخصصة على شبكة الانترنت. أما في الجـزء التطبيقـي فسيعتمد عـلى مـنهج البحـث الميـداني القائم عـلى الاستقصاء من خلال توزيع استبيان على مجموعة البحث وسيتم تحليـل البيانات الناتجة من خلال استخدام أسلوب التحليـل الإحصائي وحزمـة SPSS.

كـما سيتم الاعتماد عـلى المقـابلات الشخصية مـع أفراد ضـمن المستويات الإدارية المختلفـة (عليا ــ وسطى ــ تنفيذية) في المصرف التجاري السوري بغية جمع المعلومات الضرورية لإتمام البحـث والتأكد من صحة أو عدم صحة الفرضيات الموضوعة.

فرضيـات البحـث Hypothesis of research

1. هنـاك علاقـة ذات دلالـة واضحة بـين التطـوير التنظيمـي وبـين تحسين كفاءة العمل المصرفي.

2. إن عملية التطوير التنظيمي عملية متكاملة ومـستمرة حيـث أن تطبيـق جانـب منهـا أو تطبيقهـا في مرحلـة معينـة لا يـؤدي إلى النتائج المرجوة.

3. إن عمليـة التطويـر التنظيمـي تـأتي اسـتجابة للتغيـرات في البيئـة المحيطة (الثقافية، التقانية، القانونية، الاقتصادية والإدارية).

4. إن المعايير المستخدمة لقياس مـستوى أداء الفعاليـات التنظيميـة في المصرف لا تساهم في عملية التطوير التنظيمي.

5. هنـاك علاقة ذات دلالة بين بنيـة المـصرف التنظيميـة وبـين تنـوع الخدمات المقدمة ومستوى جودتها.

6. إن الأنظمة والقوانين التي تحكـم عمـل المـصرف لا تـساعد عـلى تطوير بنيته التنظيمية.

7. إن لـلإدارة العليـا أهميـة كبـيرة في تطويـر الواقـع التنظيمـي في المصرف.

معوقـات البحـث Obstacles of research

معوقات مرتبطة بالجانب النظري:

إن حقل التطوير التنظيمي يعتبر من الحقول التي تتطور بشكل كبير وسريع على مستوى العالم، مما قد يعني عدم قدرة الباحث على الإحاطة بكافة الأبحاث العالمية في هذا الحقل. بالإضافة إلى التنوع الكبير في المداخل والطرائق المستخدمة في مجال التنمية والتطوير الإداري واعتماد كل فريق أكاديمي مصطلحات قد تكون مترادفة وقد يكون بينها اختلاف في المدلول، مما يعني ضرورة محاولة إيجاد المحددات الرئيسة لحقل التطوير التنظيمي وتميزه عن باقي حقول التنمية الإدارية الموازية له أو المتداخلة معه أحياناً.

معوقات مرتبطة بالجانب العملي:

إن عدم الإيمان بالأسلوب العلمي والاعتماد على الأساليب التقليدية في الإدارة وسيادة وجهة النظر القائلة بأن (القائمين على الأمور الإدارية هم أدرى بمشاكلهم وحلولها) هي من المعوقات الأساسية المرتبطة بالجانب العملي من البحث . حيث أن عدم إتاحة الفرصة أمام الباحثين لجمع البيانات بطريقة علمية قد يؤدي إلى عدم الحصول على نتائج دقيقة، في الوقت الذي نلاحظ أن الدول المتقدمة تتعاون فيها المؤسسات المالية مع الباحثين ومراكز الأبحاث الإدارية.

221

هذا بالإضافة إلى تعاطي بعض المبحوثين بعدم جدية مع قوائم الاستبانة، بحيث تأتي المعلومات مضللة أو مشوهة في بعض الأحيان ولا تعكس الواقع الفعلي بالنسبة للظاهرة المدروسة.

طرائق جمع المعلومات والبيانات

Data and information collection Methods

أ ــ الاستبيان: حيث سيتم السعي لتوزيع استبيان يتضمن عدداً من الأسئلة مقسمة إلى عدة مجموعات مخصصة لإثبات أو نقض فرضية من فرضيات البحث وسيتم توزيع الاستبيان على الموظفين ضمن بعض فروع المصرف التجاري السوري وضمن بعض مديريات الإدارة المركزية.

ب ــ اللقاءات الشخصية:

حيث ستشمل لقاءات مع الموظفين في مختلف المستويات الإدارية للمصرف التجاري السوري (الإدارة العليا ــ الوسطى التنفيذية).

حيث سيتم طرح عليهم بعض الأسئلة الداعمة للاستبيان وذلك بهدف التأكد من مصداقية الاستبيان والتأكد من تطابق الواقع الفعلي مع الإجابات المقدمة في الاستبيان.

جـ ــ زيارات ميدانية لبعض فروع المصرف بغية جمع البيانات من خلال ملاحظة سير العمل ومحاولة زيارة أحد المصارف الأخرى (المصرف الصناعي أو العقاري أو أحد المصارف الخاصة) بغية مقارنة بعض جوانب التنظيم والأداء.

المرحلة الميدانية

بعد أن قمنا بوضع الإطار النظري للبحث من خلال القسم النظري وتم تحديد الإطار المنهجي للبحث والذي تضمن تحديد فروض البحث ومنهج البحث ومجالات البحث وتحديد أسلوب جمع البيانات وأدوات جمع البيانات تم الانتقال إلى الدراسة الميدانية.

وحيث أنه تم اختيار الاستبيان كأداة رئيسية لجمع البيانات الضرورية للجزء العملي من البحث حيث تقدم طريقة جمع البيانات من خلال توزيع الاستبيان العديد من المزايا كإمكانية توزيع الاستبيان على نطاق واسع وعلى عينة كبيرة نسبياً من مجتمع البحث كما يضمن الاستبيان عدم تحيّز الباحث كما يقلل الوقت والجهد والتكاليف اللازمة لجمع البيانات وتم صياغة الاستبيان على الشكل التالي:

مقدمة الاستبيان:

إن هذا الاستبيان معد لغايات بحثية خالصة وليس له أية علاقة بالعمل الإداري أو التقييمي للمصرف حيث تنصب غاية البحث على التطوير التنظيمي في المؤسسات المصرفية وتم اختيار المصرف التجاري السوري لتطبيق الناحية العملية من البحث.

إن لمساهمتكم في الإجابة الموضوعية على أسئلة الاستبيان أهمية كبيرة للوصول لنتائج ذات مصداقية من قبل الباحث، كلنا أمل في أن تقدموا بإجاباتكم لبنة لتكريس البحث العلمي في مؤسساتنا الوطنية ولكم جزيل الشكر مسبقاً لدعمكم هذا البحث.

استبيان

(1) المجموعة الأولى: المحور الأول يهدف إلى بحث وجود علاقة ذات دلالة بين التطوير التنظيمي وبين تحسين كفاءة العمل المصرفي.

- إن التطورات الحاصلة في إجراءات العمل في المصرف قد ساهمت في ازدياد كفاءة إنجاز العمل.

غير موافق تماماً	غير موافق	محايد	موافق	موافق تماماً
☐	☐	☐	☐	☐

- إن دورات وبرامج التدريب التي خضع لها موظفو المصرف قد ساهمت في تحسين أدائهم للعمل.

غير موافق تماماً	غير موافق	محايد	موافق	موافق تماماً
☐	☐	☐	☐	☐

- إن تطوير وتحديث الهيكل التنظيمي للمصرف سيزيد من كفاءة العمل فيه.

غير موافق تماماً	غير موافق	محايد	موافق	موافق تماماً
☐	☐	☐	☐	☐

- إن إدخال أساليب وتقنيات عمل حديثة في المصرف يساهم في زيادة جودة وسرعة العمل.

غير موافق تماماً	غير موافق	محايد	موافق	موافق تماماً
☐	☐	☐	☐	☐

- إن إشاعة قيم التغيير والتطوير في بيئة العمل يساهم في تحسين إنجاز الأعمال.

غير موافق تماماً	غير موافق	محايد	موافق	موافق تماماً
☐	☐	☐	☐	☐

(2) المجموعة الثانية: المحور الثاني يهدف إلى بحث كون عملية التطوير التنظيمي عملية متكاملة ومستمرة وتطبيق جانب منها أو تطبيقها في مرحلة معينة لا يؤدي إلى النتائج المرجوة.

- إن تطوير الأنظمة المتبعة حالياً سيزيد من إمكانية قيام الموظفين بمهامهم دون الحاجة للجوء بشكل متكرر إلى المستوى الإداري الأعلى.

موافق تماماً	موافق	محايد	غير موافق	غير موافق تماماً
☐	☐	☐	☐	☐

❖ يجب تطوير البنية التنظيمية للمصرف لتحسين التواصل بـين الأقسام المختلفة من جهة وبين المستويات الإدارية المختلفة من جهة أخرى.

موافق تماماً	موافق	محايد	غير موافق	غير موافق تماماً
☐	☐	☐	☐	☐

❖ إن تطوير الهيكل التنظيمي بشكل دوري يؤدي إلى تحسين التواصل بـين العاملين والإدارة.

موافق تماماً	موافق	محايد	غير موافق	غير موافق تماماً
☐	☐	☐	☐	☐

❖ إن إجراء المزيد من الـدورات التدريبية للعاملين في المصرف يزيد مـن كفاءتهم في أداء أعمالهم.

موافق تماماً	موافق	محايد	غير موافق	غير موافق تماماً
☐	☐	☐	☐	☐

❖ إن وجود إستراتيجية معلنة تشمل تطوير كافة جوانب العمل في المصرف يساهم في نجاح جهود التطوير والتحديث المبذولة فيه.

موافق تماماً	موافق	محايد	غير موافق	غير موافق تماماً
☐	☐	☐	☐	☐

(3) المجموعـة الثالثة: المحـور الثالـث يهـدف إلى بحـث كـون عمليـة التطوير التنظيمـي تـأتي استجابة للتغـيرات في البيئـة المحيطـة (الثقافيـة، التقانيـة، القانونية، الاقتصادية والإدارية)

❖ إن التغيرات المستجدة في الأنظمـة والقوانين الاقتصادية تتطلـب إعـادة النظر في الهيكل التنظيمي والإجراءات المتبعة في المصرف.

موافق تماماً	موافق	محايد	غير موافق	غير موافق تماماً
☐	☐	☐	☐	☐

❖ إن التغيرات في الظروف المعاشية تتطلب إعادة النظر في سياسة الأجور والحوافز.

موافق تماماً	موافق	محايد	غير موافق	غير موافق تماماً
☐	☐	☐	☐	☐

❖ إن ازدياد المنافسة في القطاع المصرفي يتطلب خلق ثقافة جديدة في المصرف التجاري.

موافق تماماً	موافق	محايد	غير موافق	غير موافق تماماً
☐	☐	☐	☐	☐

❖ إن التطورات الحاصلة في الاقتصاد الوطني تتطلب تقديم خدمات مصرفية جديدة وتحسين جودة الخدمات المقدمة حالياً.

موافق تماماً	موافق	محايد	غير موافق	غير موافق تماماً
☐	☐	☐	☐	☐

❖ هناك تقنيات حديثة سيؤدي تطبيقها إلى تطوير كبير لعمل المصرف.

موافق تماماً	موافق	محايد	غير موافق	غير موافق تماماً
☐	☐	☐	☐	☐

في حالة الموافقة على ما سبق ما هي بعض هذه التقنيات بحسب رأيك: . . .

. . . .

. . . .

(4) المجموعة الرابعة: المحور الرابع يهدف إلى بحث كون المعايير المستخدمة لقياس مستوى أداء الفعاليات التنظيمية في المصرف تساهم في عملية التطوير التنظيمي.

❖ يتم تقديم المكافآت والحوافز بناء على الجهود الفعلية للعاملين.

موافق تماماً	موافق	محايد	غير موافق	غير موافق تماماً
☐	☐	☐	☐	☐

❖ يتم ترقية الموظفين بناء على قدراتهم الفعلية.

موافق تماماً	موافق	محايد	غير موافق	غير موافق تماماً
☐	☐	☐	☐	☐

❖ هنالك معايير محددة تظهر مستوى أداء عمل كل موظف وكل قسم ويمكن اعتمادها كأساس لتقييم عمل الموظف أو القسم ووضع خطط التطوير بالاعتماد عليها.

غير موافق تماماً	غير موافق	محايد	موافق	موافق تماماً
☐	☐	☐	☐	☐

❖ إن المصرف يطبق سياسة (وضع الرجل المناسب في المكان المناسب).

غير موافق تماماً	غير موافق	محايد	موافق	موافق تماماً
☐	☐	☐	☐	☐

❖ يطبق المصرف سياسة قياس مدى تحقيق خدماته لرضى المتعاملين.

غير موافق تماماً	غير موافق	محايد	موافق	موافق تماماً
☐	☐	☐	☐	☐

(5) المجموعة الخامسة: المحور الخامس يهدف إلى بحث وجود علاقة ذات دلالة بين بنية المصرف التنظيمية وبين تنوع الخدمات المقدمة ومستوى جودتها.

❖ الوحدات الإدارية في المصرف لا تواجه مشكلات ناتجة عن تعدد وتعقد العمليات والمهام التي تقوم بها وتعدد مهامها.

غير موافق تماماً	غير موافق	محايد	موافق	موافق تماماً
☐	☐	☐	☐	☐

❖ إن إحداث أقسام ومديريات جديدة في المصرف يأتي بسبب تنوع الخدمات التي يقدمها المصرف.

غير موافق تماماً	غير موافق	محايد	موافق	موافق تماماً
☐	☐	☐	☐	☐

❖ من الضروري إحداث أقسام جديدة في المصرف لتتخصص بتقديم بعض الخدمات الجديدة.

غير موافق تماماً	غير موافق	محايد	موافق	موافق تماماً
☐	☐	☐	☐	☐

❖ تزداد جودة أداء بعض الخدمات المصرفية في حال إنشاء أقسام متخصصة بتقديم هذه الخدمات.

غير موافق تماماً	غير موافق	محايد	موافق	موافق تماماً
☐	☐	☐	☐	☐

❖ إن المصرف بحاجة إلى افتتاح فروع جديدة له.

موافق تماماً	موافق	محايد	غير موافق	غير موافق تماماً
☐	☐	☐	☐	☐

في حالة الإجابة بالموافقة على ما سبق حدد بعض المناطق التي برأيك سيكون من المجدي اقتصادياً افتتاح فروع للمصرف فيها . . . .
. . . .

(6) المجموعة السادسة: المحور السادس يهدف إلى بحث كون الأنظمة والقوانين التي تحكم عمل المصرف تساعد على تطوير بنيته التنظيمية.

❖ إن الأنظمة والقوانين التي تحكم عمل المصرف حالياً ليست بحاجة إلى تغيير أو تحديث.

موافق تماماً	موافق	محايد	غير موافق	غير موافق تماماً
☐	☐	☐	☐	☐

❖ هناك إستراتيجية تطويرية محددة للمصرف التجاري .
تتجلى بشكل واضح في بنيته التنظيمية.

موافق تماماً	موافق	محايد	غير موافق	غير موافق تماماً
☐	☐	☐	☐	☐

❖ يساهم الموظفون في المصرف ضمن المستويات الإدارية الدنيا والمتوسطة في صياغة خطط وبرامج المصرف.

موافق تماماً	موافق	محايد	غير موافق	غير موافق تماماً
☐	☐	☐	☐	☐

❖ يقوم الموظفون في المستويات الإدارية الدنيا والمتوسطة في المصرف باقتراح تعديل بعض الإجراءات أو تعديل الهيكل التنظيمي للمصرف إو إحداث دورات وبرامج تدريبية إضافية..

موافق تماماً	موافق	محايد	غير موافق	غير موافق تماماً
☐	☐	☐	☐	☐

❖ إن التشريعات المصرفية الناظمة لعمل المصرف تقدم الحوافز الضرورية للتطوير والتحديث المستمر للعمل المصرفي..

موافق تماماً	موافق	محايد	غير موافق	غير موافق تماماً
☐	☐	☐	☐	☐

(7) المجموعة السابعة: يهدف المحور السابع إلى بحث كون أن للإدارة العليا أهمية كبيرة في تطوير الواقع التنظيمي في المصرف.

❖ إن لتغيير الإدارة العليا في المصرف تأثير على كفاءة العمل في المصرف.

غير موافق تماماً	غير موافق	محايد	موافق	موافق تماماً

❖ قامت الإدارة العليا الحالية في المصرف بإحداث تغيرات في أنظمة وإجراءات العمل وأدخلت تعديلات على الهيكل التنظيمي.

❖

غير موافق تماماً	غير موافق	محايد	موافق	موافق تماماً

❖ تساهم الإدارة في حل النزاعات والتوترات في المصرف عن طريق إلغاء أسبابها.

غير موافق تماماً	غير موافق	محايد	موافق	موافق تماماً

❖ أدخلت الإدارة العليا الحالية في المصرف إستراتيجية لإجراء دورات وبرامج تدريبية جديدة.

غير موافق تماماً	غير موافق	محايد	موافق	موافق تماماً

❖ أدخلت الإدارة العليا الحالية قيم وأفكار جديدة إلى بيئة العمل في المصرف.

غير موافق تماماً	غير موافق	محايد	موافق	موافق تماماً

كما تم الاستعانة بعدد من الوسائل المساعدة في جمع البيانات ومنها الملاحظة الميدانية والمقابلات الشخصية مع العاملين والمدراء في المصرف حيث أن هذه الوسائل تساعد في التغلب على عيوب الاستبيان والمتمثلة في أن الاستبيان لا يعطي مصداقية كبيرة في أسئلة المراجعة لتمكن المبحوث من التعرف على أسئلة المراجعة، وصعوبة استفسار المبحوث عن

الأسئلة غير المفهومة لديه، كما أن المقابلات الميدانية تتيح ملاحظة المبحوث والبيئة المحيطة به، وإمكانية التأكد الإضافي من صدق إجابات المبحوث من خلال واقع المشاهدات الميدانية.

وبالنسبة لقياس نتائج الاستبيان فقد تم اختيار **طريقة ليكرت Likert scale** في إعداد مقاييس الاستبيان حيث طلب من المبحوث أن يختار إجابة من خمس إجابات متدرجة وتم إعطاء درجات (1-5) لكل عبارة.

مجتمع الدراسة Population of studay

إن مجتمع الدراسة هو موظفو المصرف التجاري السوري ضمن الإدارة المركزية للمصرف والفروع الموجودة في مدينة دمشق. إن اختيار عينة البحث التي وزع عليها الاستبيان تم بطريقة عشوائية من مجتمع البحث.

وتم تحديد حجم العينة بأربعين مفردة، وذلك بالاعتماد على تطبيق معادلة قانون حجم العينة لاختبار T-Test بدون إعادة:

$$n=\frac{N\,Z_{\alpha/2}^{2}\,\bar{O}^{2}}{(N-1)d^{2}+Z_{\alpha/2}^{2}\,\bar{O}^{2}}$$

وكانت نتيجة تطبيق الاختبار 38.4 عند مستوى تأكد 95 %.

تضمنت المرحلة الميدانية من البحث أربع مراحل:

1. اختبار الصدق والثبات لأداة جمع البيانات.
2. أخذ الموافقات الرسمية لجمع البيانات من الميدان.
3. جمع البيانات من الميدان.

4. مراجعة البيانات[1].

1) اختبار صدق وثبات أداة جمع البيانات

لكي تتوفر الثقة في أداة جمع البيانات والتي هي الاستبيان في بحثنا هذا ونتأكد من صلاحيتها في جمع البيانات المطلوبة وملائمتها لتحقيق أهداف البحث توجب إجراء اختبار صدق وثبات هذه الأداة.

ويمكن لنا أن نحسب الصدق الذاتي لأداة جمع البيانات باستخدام المعادلة:

$$\text{الصدق الذاتي} = \sqrt{\text{الثبات}}$$

ويقصد بثبات أداة جمع البيانات الدقة والاتساق أي أن تعطي أداة جمع البيانات نفس النتائج إذا تم استخدامها أو إعادتها مرة أخرى تحت ظروف مماثلة.

وتم اختيار طريقة إعادة الاختبار Test-retest لحساب ثبات أداة جمع البيانات.

حيث تم اختيار عينة عشوائية صغيرة من مجتمع البحث وتم تطبيق أداة جمع البيانات عليها ثم تم إعادة الاختبار بعد فترة زمنية مرة أخرى. وباستخدام معادلة سبيرمان أو حساب معامل الارتباط بين نتائج الاختبارين

---

[1] مدحت أبو النصر، (قواعد ومراحل البحث العلمي)، مجموعة النيل العربية، القاهرة، 2004، ص240.

$$\text{معامل ارتباط الرتب} = \frac{1-6\,\text{مج ف}^2}{N(N-1)(N+1)}$$

مج ف2= مجموع مربع فرق القيم

N= عدد أزواج الرتب المشاهدة

....

....

تبين لنا وجود ارتباط طردي بين نسب العينتين حيث كانت النتيجة موجبة وفوق 0.5 ما يؤكد وجود ارتباط مباشر بين النتائج التي يقدمها الاستبيان في العينتين التجريبيتين وبالتالي

$$\text{الصدق الذاتي} = \sqrt{\text{الثبات}}$$

$$\sqrt{0.614} = 0.7835$$

يمكن الجزم بأن أداة جمع البيانات تتميز بدرجة عالية من الصدق الذاتي بكون الصدق الذاتي يقترب من الواحد الصحيح.

2) أخذ الموافقات الرسمية لجمع البيانات من الميدان:

تم الحصول على طلب من كلية الاقتصاد ـ جامعة دمشق موجه إلى الإدارة العامة للمصرف التجاري السوري بهدف تسهيل مهمة الباحث في جمع البيانات (مرفق صورة من الطلب في ملاحق البحث)

وقد تعاونت مديريات وفروع المصرف التجاري السوري بشكل جيد مع الباحث وقامت مديرية التخطيط وبالأخص قسم التأهيل والتدريب

بدعم الباحث من خلال المساهمة في توزيع الاستبيانات على المديريات وفروع المصرف.

3) جمع البيانات

تم توزيع 50 استبيان تم استعادة 42 استبيان منها وتم رفض استبيانين لعدم احتوائهما إجابات على كامل الأسئلة.

4) مراجعة البيانات

تم مراجعة البيانات على مرحلتين الأولى عند جمع الاستبيانات حيث تم ملاحظة عدم إجابة بعض أفراد العينة على بعض الأسئلة وفي حالة تمكن الرجوع إلى الشخص المستجوب ثم تتمة النقص وفي بعض الحالات تعذر الوصول إلى الشخص المستجوب فتم استبعاد الاستبيانات غير الكاملة وبلغ عددها اثنان.

كما تمت المراجعة النهائية للبيانات قبل إدخالها إلى الحاسب بغية تطبيق البرامج الإحصائية لاستخلاص نتائج البحث. وتم التأكد من كون البيانات المدخلة كاملة.

ـ ترميز البيانات: حيث تم ترميز code البيانات تصنيفاً رقمياً وتم إعطاء قيم تصاعدية للإجابات تبدأ من 1 وتنتهي بـ 5 وذلك حسب مقياس Likert

ـ **تفريغ البيانات:** تم تفريغ البيانات باستخدام برنامج

statistical package for social sciences (spss)

اختبار فرضيات البحث

إن الفرضية الأولى التي يهدف البحث إلى اختبارها تنص:

((هناك علاقة ذات دلالة واضحة بين التطوير التنظيمي وبين تحسين كفاءة العمل المصرفي))

وبالتالي فان الفرضية الصفرية **H0** تنص: لا يوجد علاقة ذات دلالة واضحة بين التطوير التنظيمي وبين تحسين كفاءة العمل المصرفي وتم تحديد المجموعة الأولى في الاستبيان والمكونة من خمسة فقرات لإختبار صحة أو عدم صحة هذه الفرضية.

وبعد تفريغ الإجابات المتحققة بواسطة برنامج **SPSS** ومعالجة الإجابات تم الحصول على الجدول التالي والذي يظهر المتوسط الحسابي والانحراف المعياري ورقم ومرتبة الفقرة والتكرارات والنسب المئوية الكلية لدرجة موافقة أفراد عينة الدراسة على فقرات المجموعة الأولى من الاستبيان

رقم	مرتبة الفقرة	المتوسط الحسابي	الانحراف المعياري	غير موافق تماماً		غير موافق		محايد		موافق		موافق تماما		النسب المئوية
1	3	3.8	1.136	2	%5	4	%10	6	%15	16	%40	12	%30	%76
2	5	3.225	0.919	3	7.5 %	3	7.5 %	17	%42.5	16	%40	1	%2.5	%64.5
3	4	3.625	0.925	-	-	4	%10	15	%37.5	13	32.5 %	8	%20	%72.5
4	2	3.95	0.959	-	-	4	%10	7	%17.5	16	%40	13	32.5 %	%79
5	1	4.275	0.75	-	-	-	-	7	%17.5	15	37.5	18	%45	%85.5

										%			
		3.775	0.3482										75.5 النسب المئوي الكلي

تشير النتائج المستخلصة من الجدول أنه هناك علاقة ذات دلالة واضحة بين جهود التطوير التنظيمي وبين تحسين كفاءة العمل المصرفي حيث بلغت النسبة المئوية الكلية لدرجة موافقة أفراد عينة البحث **75.5%** وبمتوسط حسابي لدرجة الموافقة **3.775** وانحراف معياري **0.3482** وبالتالي نرفض الفرضية الصفرية ونقبل الفرضية البديلة التي تؤكد وجود علاقة ذات دلالة واضحة بين جهود التطوير التنظيمي وبين تحسين كفاءة العمل المصرفي.

ونلاحظ أن الفقرة التي تنص على (أن إشاعة قيم التغير والتطوير في بيئة العمل يساهم في تحسين انجاز الأعمال). قد حصلت على أعلى نسبة لدرجة الموافقة بين الإجابات وذلك بمتوسط حسابي لدرجة الموافقة وقدره **4.275** وانحراف معياري **0.75** وبنسبة مئوية كلية لدرجة الموافقة **85.5 %** .

وقد جاءت في المرتبة الأخيرة الفقرة التي تنص على (إن دورات وبرامج التدريب التي خضع لها موظفوا المصرف قد ساهمت في تحسين أدائهم للعمل) وذلك بمتوسط حسابي لدرجة الموافقة وقدره **3.225** وانحراف معياري **0.919** وبنسبة مئوية كلية لدرجة الموافقة **64.5%**

ونلاحظ أن الفقرة التي رقمها **5** قد نالت أعلى نسبة مئوية للاستجابة تحت درجة الموافقة (موافق تماما) وذلك بـ **18** إجابة وبنسبة **45%** من الإجابات الكلية في الفقرة المعنية. كما نالت الفقرتين **2** و **4** أعلى نسبة

مئوية للاستجابة تحت درجة الموافقة (موافق) بمواقع 16 إجابة وبنسبة 40% من الإجابات الكلية في كلا الفقرتين. كما نالت الفقرة التي رقمها 2 أعلى نسبة مئوية للاستجابة تحت درجة الموافقة محايد وذلك بـ 17 إجابة وبنسبة 42.5% من الإجابات الكلية في الفقرة المعنية. ونالت الفقرات 1 و 3 و 4 أعلى نسبة مئوية للاستجابة تحت درجة الموافقة (غير موافق) وذلك بـ 4 إجابات وبنسبة 10% من إجمالي الإجابات في الفقرات المذكورة. ونالت الفقرة التي رقمها 2 أعلى نسبة مئوية للاستجابة تحت درجة الموافقة (غير موافق تماما) وذلك بـ 13 إجابة وبنسبة 7.5 % من إجمالي الإجابات في الفقرة المعنية ومما سبق نرفض الفرضية الصفرية السابقة ونقبل الفرضية البديلة التي تنص:

((هناك علاقة ذات دلالة واضحة بين التطوير التنظيمي وبين تحسين كفاءة العمل المصرفي))

الفرضية الثانية:

إن الفرضية الثانية والتي يهدف البحث إلى اختبارها تنص H1: ((إن **عملية التطوير التنظيمي عملية متكاملة ومستمرة حيث أن تطبيق جانب منها أو تطبيقها في مرحلة معينة لا يؤدي إلى النتائج المرجوة))** وبالتالي فإن الفرضية الصفرية H0 تنص على أن عملية التطوير التنظيمي عملية غير متكاملة وغير مستمرة وتطبيق جانب منها أو تطبيقها في مرحلة معينة يؤدي للنتائج المرجوة.

وتم تحديد المجموعة الثانية في الاستبيان المكونة من خمسة فقرات لاختبار صحة أو عدم صحة الفرضية.

وبعد تفريغ الإجابات المتحققة وتحليلها تم الحصول على الجدول التالي والذي يظهر المتوسط الحسابي والانحراف المعياري ومرتبة الفقرة والتكرارات والنسب المئوية لدرجة موافقة أفراد عينة الدراسة على فقرات المجموعة الثانية من الاستبيان

النسب الم	موافق تماماً		موافق		محايد		غير موافق		غير موافق تماماً		الانحراف المعياري	المتوسط الحسابي	مرتبة الفقرة	الرقم
59.5%	-	0	27.5%	11	42.5%	17	30%	12	-	0	0.767	2.975	5	1
62%	2.5%	1	27.5%	11	47.5%	19	22.5%	9	-	0	0.777	3.100	4	2
67.5%	10%	4	30%	12	47.5%	19	12.5%	5	-	0	0837	3.375	3	3
87.5%	52.5%	21	32.5%	13	15%	6	-	0	-	0	0.740	4.375	1	4
85.5%	42.5%	17	45%	18	10%	4	2.5%	1	-	0	0.750	4.275	2	5
72.4% النسبة الم الكلية											0.5908	3.62		

تشير النتائج المستخلصة من الجدول أن النسبة المئوية الكلية لدرجة موافقة أفراد عينة البحث على أن عملية التطوير التنظيمي عملية متكاملة ومستمرة وتطبيق جانب منها أو تطبيقها مرحليا لا يؤدي إلى النتائج المرجوة بلغت 72.4% وبمتوسط حسابي لدرجة الموافقة 3.62 وانحراف معياري 0.5908 وبالتالي نرفض الفرضية الصفرية ونقبل الفرضية البديلة.

ونلاحظ أن الفقرة التي تنص على (إن إجراء المزيد من الدورات التدريبية للعاملين في المصرف يزيد من كفاءتهم في أداء أعمالهم) قد حصلت على أعلى نسبة لدرجة الموافقة بين الإجابات وذلك بمتوسط حسابي لدرجة الموافقة وقدره 4.375 وانحراف معياري 0.74 وبنسبة مئوية كلية لدرجة الموافقة 87.5 %

وقد جاءت في المرتبة الأخيرة الفقرة التي تنص على (إن تطوير الأنظمة المتبعة حاليا سيزيد من إمكانية قيام الموظفين بمهامهم دون الحاجة للجوء بشكل متكرر للمستوى الإداري الأعلى) بمتوسط حسابي لدرجة الموافقة وقدره 2.975 وانحراف معياري وقدره 0.767 وبنسبة مئوية كلية لدرجة الموافقة 59.5%.

ونلاحظ إن الفقرة التي رقمها 4 قد نالت أعلى نسبة مئوية للاستجابة تحت درجة الموافقة (موافق تماما) وذلك بـ 21 إجابة وبنسبة 52.5% من إجمالي الإجابات في الفقرة المعنية.

كما نلاحظ إن الفقرة التي رقمها 5 قد نالت أعلى نسبة مئوية للاستجابة تحت درجة الموافقة (موافق) وذلك بـ 18 إجابة وبنسبة 45% من إجمالي الإجابات في الفقرة المعنية.

كما نلاحظ أن الفقرات التي رقمها 2 و 3 قد نالت أعلى نسبة مئوية للاستجابة تحت درجة الموافقة (محايد) وذلك بـ 19 إجابة وبنسبة 47.5% من إجمالي الإجابات في الفقرتين المعنيتين.

ونلاحظ أن الفقرة التي رقمها 1 قد نالت أعلى نسبة مئوية للاستجابة تحت درجة الموافقة (غير موافق) وذلك بـ 12 إجابة وبنسبة 30 % من إجمالي الإجابات في الفقرة المعنية.

كما نلاحظ أنه لم يتم تسجيل ولا إجابة (غير موافق تماماً) في أي من فقرات هذه الفرضية.

وبناء على ما سبق فقد تم رفض الفرضية الصفرية وتم قبول الفرضية البديلة والتي تنص على ((إن عملية التطوير التنظيمي عملية متكاملة ومستمرة حيث إن تطبيق جانب منها أو تطبيقها في مرحلة معينة لا يؤدي إلى النتائج المرجوة)).

الفرضية الثالثة:

تنص الفرضية الثالثة والتي يهدف البحث إلى اختبار صحتها: ((إن عملية التطوير التنظيمي تأتي استجابة للتغيرات في البيئة المحيطة (الثقافية، التقانية، القانونية، الاقتصادية، الإدارية)) وبالتالي فإن الفرضية الصفرية تنص:

إن عملية التطوير التنظيمي مستقلة عن التغيرات في البيئة المحيطة: الثقافية، التقانية، القانونية، الاقتصادية، الإدارية.

ولقد تم تخصيص المجموعة الثالثة من فقرات الاستبيان والمكونة من خمسة فقرات لاختبار صحة أو عدم صحة الفرضية السابقة وبعد تفريغ الإجابات المتحققة وتحليلها تم الحصول على الجدول التالي والذي يظهر المتوسط الحسابي والانحراف المعياري ورقم وترتيب الفقرة والتكرارات والنسب المئوية الكلية لدرجة موافقة أفراد العينة المدروسة على فقرات المجموعة الثالثة من أسئلة الاستبيان.

رقم	مرتبة الفقرة	المتوسط الحسابي	الانحراف المعياري	غير موافق تماماً		غير موافق		محايد		موافق		موافق تماماً		النسب المئوية
1	5	3.975	0.861	0	%0	2	%5	9	%22.5	17	%42.5	12	%30	%79.5
2	3	4.575	0.843	0	%0	2	%5	3	%7.5	5	%12.5	30	%75	%91.5
3	2	4.775	0.422	0	%0	0	%0	0	%0	9	%22.5	31	77.5 %	%95.5
4	1	4.875	0.334	0	%0	0	%0	0	%0	5	%12.5	35	87.5 %	%97.5
5	4	4.125	1.042	1	2.5 %	3	%7.5	4	%10	14	%35	18	%45	%82.5
		4.465	0.3555											%89.3 النسبة المئوية الكلية

تشير النتائج المستخلصة من الجدول على أن النسبة المئوية الكلية لدرجة موافقة أفراد العينة على أن عملية التطوير التنظيمي تأتي استجابة للتغيرات في البيئة المحيطة: الثقافية والتقانية والقانونية والاقتصادية والإدارية قد بلغت **89.3%** وبمتوسط حسابي لدرجة الموافقة **4.465** وبانحراف معياري وقدره **0.3555** .

وبالتالي نرفض الفرضية الصفرية ونقبل الفرضية البديلة .

ونلاحظ أن الفقرة التي رقمها **4** من بين فقرات الاستبيان والتي تنص على " إن التطورات الحاصلة في الاقتصاد الوطني تتطلب تقديم خدمات مصرفية جديدة وتحسين جودة الخدمات المقدمة حاليا" قد حصلت على أعلى نسبة لدرجة الموافقة بين الإجابات وذلك بمتوسط حسابي لدرجة

الموافقة وقدره 4.875 وبانحراف معياري وقدره 0.334 وبنسبة مئوية كلية لدرجة الموافقة 97.5% .

وقد جاءت في المرتبة الأخيرة الفقرة التي تنص "إن التغيرات المستجدة في الأنظمة والقوانين الاقتصادية تتطلب إعادة النظر في الهيكل التنظيمي والإجراءات المتبعة في المصرف" وذلك بمتوسط حسابي لدرجة الموافقة وقدره 3.975 وبانحراف معياري وقدره 0.861 وبنسبة مئوية لدرجة الموافقة 79.5% .

ونلاحظ إن الفقرة التي رقمها 4 قد نالت أعلى نسبة مئوية للاستجابة تحت درجة الموافقة (موافق تماماً) وذلك بـ 35 إجابة وبنسبة 87.5% من الإجابات الكلية في الفقرة المعنية.

ونلاحظ أن الفقرة التي رقمها 1 قد نالت أعلى نسبة مئوية للاستجابة تحت درجة الموافقة (موافق) وذلك بـ 17 إجابة وبنسبة 42.5% من الإجابات الكلية في الفقرة المعنية.

ونلاحظ إن الفقرة التي رقمها 1 قد نالت كذلك أعلى نسبة مئوية للاستجابة تحت درجة الموافقة (محايد) وذلك بـ 9 إجابات وبنسبة 22.5% من الإجابات الكلية في الفقرة المعنية.

ونلاحظ إن الفقرة التي رقمها 5 قد نالت أعلى نسبة مئوية للاستجابة تحت درجة الموافقة (غير موافق) وذلك بـ 3 إجابات وبنسبة 7.5 % من الإجابات الكلية في الفقرة المعنية.

كذلك فقد نالت الفقرة التي رقمها 5 أعلى نسبة مئوية للاستجابة تحت درجة الموافقة (غير موافق تماماً) وذلك بإجابة واحدة وبنسبة 2.5% من الإجابات الكلية في الفقرة المعنية.

وبناء على ما سبق فقد تم رفض الفرضية الصفرية وتم قبول الفرضية البديلة التي تنص ((إن عملية التطوير التنظيمي تأتي استجابة للتغيرات في البيئة المحيطة: الثقافية، التقانية، القانونية، الاقتصادية والإدارية)).

الفرضية الرابعة:

تنص الفرضية الرابعة والتي يهدف البحث إلى اختبار صحتها:

((إن المعايير المستخدمة لقياس مستوى أداء الفعاليات التنظيمية في المصرف تساهم في عملية التطوير التنظيمي)).

وبالتالي فأن الفرضية الصفرية تنص على:

إن المعايير المستخدمة لقياس مستوى أداء الفعاليات التنظيمية في المصرف لا تساهم في عملية التطوير التنظيمي.

وقد تم تخصيص المجموعة الرابعة من فقرات الاستبيان والمكونة من خمسة فقرات لاختبار صحة أو عدم صحة الفرضية السابقة وبعد تفريغ الإجابات وتحليلها تم الحصول على الجدول التالي والذي يظهر المتوسط الحسابي والانحراف المعياري ورقم وترتيب الفقرة والتكرارات والنسب المئوية الكلية لدرجة موافقة أفراد العينة المدروسة على فقرات المجموعة الرابعة من أسئلة الاستبيان.

الرقم	مرتبة الفقرة	المتوسط الحسابي	الانحراف المعياري	غير موافق تماماً		غير موافق		محايد		موافق		موافق تماماً		النسبة المئوية
1	1	2.425	0.902	7	17.5 %	13	%32.5	16	%40	4	%10	0	%0	%48.5
2	3	2.275	0.784	8	%20	13	%32.5	19	%47.5	0	%0	0	%0	%45.5
3	2	2.325	0.997	8	%20	18	%45	7	%17.5	7	17.5 %	0	%0	%46.5
4	2	2.325	0.858	8	%20	13	%32.5	17	%42.5	2	% 5	0	%0	%46.5
5	4	2.050	0.638	7	17.5 %	24	%60	9	%22.5	0	%0	0	%0	%41
		2.28	0.124											%45.6 النسبة المئوية الكلية

تشير النتائج المستخلصة من الجدول على أن النسبة المئوية الكلية لدرجة موافقة أفراد العينة على الفرضية التي تنص على أن المعايير المستخدمة لقياس مستوى أداء الفعاليات التنظيمية في المصرف تساهم في عملية التطوير التنظيمي قد بلغت 45.6% وبمتوسط حسابي لدرجة الموافقة 2.28 وبانحراف معياري 0.124 وبالتالي نرفض الفرضية البديلة ونقبل الفرضية الصفرية التي تنص على أن المعايير المستخدمة لقياس مستوى أداء الفعاليات التنظيمية في المصرف لا تساهم في عملية التطوير التنظيمي.

نلاحظ أن الفقرة التي تنص على أنه (يتم تقديم المكافآت والحوافز بناءً على الجهود الفعلية للعاملين) قد حصلت على أعلى نسبة لدرجة الموافقة وذلك بمتوسط حسابي لدرجة الموافقة وقدره **2.425** وانحراف معياري

وقدره 0.902 وبنسبة مئوية لدرجة الموافقة 48.5% ونلاحظ أن الفقرة التي تنص على انه (يطبق المصرف سياسة قياس مدى تحقيق خدماته لرضى المتعاملين) قد حصلت على أدنى نسبة لدرجة الموافقة وذلك بمتوسط حسابي لدرجة الموافقة وقدره 2.05 وانحراف معياري وقدره 0.638 وبنسبة مئوية لدرجة الموافقة 41%.

نلاحظ أنه لم يتم تسجيل أية إجابة تحت درجة الموافقة (موافق تماما) ونلاحظ أن الفقرة التي رقمها 3 قد حصلت على أعلى نسبة من الإجابات تحت درجة الموافقة (موافق) وذلك بواقع 7 إجابات وبنسبة مئوية وقدرها 17.5%. إجمالي الإجابات في الفقرة المعنية.

كما نلاحظ أن الفقرة التي رقمها 2 قد حصلت على أعلى نسبة من الإجابات تحت درجة الموافقة (محايد) وذلك بواقع 19 إجابة وبنسبة مئوية وقدرها 47.5% من إجمالي الإجابات في الفقرة المعنية.

ونلاحظ أن الفقرة التي رقمها 5 قد حصلت على أعلى نسبة من الإجابات تحت درجة الموافقة (غير موافق) وذلك بواقع 24 إجابة وبنسبة مئوية وقدرها 60% من إجمالي الإجابات في الفقرة المعنية.

وقد حصلت الفقرات ذات الرقم 2-3-4 على أعلى نسبة من الإجابات تحت درجة الموافقة (غير موافق تماماً) وذلك بواقع 8 إجابات وبنسبة مئوية وقدرها 20% من إجمالي الإجابات في كل فقرة.

وبناء على ما سبق تم رفض الفرضية البديلة وتم قبول الفرضية الصفرية التي تنص .

((إن المعايير المستخدمة لقياس مستوى أداء الفعاليات التنظيمية في المصرف لا تساهم في عملية التطوير التنظيمي)).

الفرضية الخامسة:

إن الفرضية الخامسة التي يهدف البحث إلى اختبار صحتها تنص:

((هناك علاقة ذات دلالة بين بنية المصرف التنظيمية وبين تنوع الخدمات المقدمة ومستوى جودتها))

وتكون الفرضية الصفرية **H0** بالتالي:

ليس هناك أي علاقة ذات دلالة بين بنية المصرف التنظيمية وبين تنوع الخدمات المقدمة ومستوى جودتها.

وقد تم تخصيص المجموعة الخامسة من فقرات الاستبيان والمكونة من خمسة فقرات لاختبار صحة أو عدم صحة هذه الفرضية.

وبعد تفريغ الإجابات وتحليلها تم الحصول على الجدول التالي الذي يظهر المتوسط الحسابي والانحراف المعياري ورقم وترتيب الفقرة والتكرارات والنسب المئوية الكلية لدرجة موافقة أفراد عينة الدراسة على فقرات المجموعة الخامسة من الاستبيان.

الرقم	مرتبة الفقرة	المتوسط الحسابي	الانحراف المعياري	غير موافق تماماً		غير موافق		محايد		موافق		موافق تماماً		النس المئو
1	5	3.45	0.932	5	12.5 %	15	%37.5	13	%32.5	7	%17.5	0	%0	69
2	4	3.525	0.75	1	%2.5	2	%5	13	%32.5	23	%57.5	1	%2.5	70.5
3	3	3.75	0.808	1	%2.5	2	%5	7	%17.5	26	%65	4	%10	75
4	2	3.775	0.831	1	%2.5	3	%7.5	4	%10	28	%70	4	%10	75.5
5	1	4.15	0.892	1	%2.5	1	%2.5	4	%10	19	%47.5	15	%37.5	83
		3.73	0.2446											74.6 النس المئو الكل

تشير النتائج المستخلصة من الجدول على أن النسبة المئوية الكلية لدرجة موافقة أفراد العينة على أنه هناك علاقة ذات دلالة بين بنية المصرف التنظيمية وبين تنوع الخدمات المقدمة ومستوى جودتها قد بلغت 74.6% وبمتوسط حسابي لدرجة الموافقة وقدره 3.73 وانحراف معياري وقدره 0.2446 وبالتالي نرفض الفرضية الصفرية ونقبل الفرضية البديلة.

نلاحظ أن الفقرة التي رقمها 5 والتي تنص(إن المصرف بحاجة إلى افتتاح فروع جديدة له) قد حصلت على أعلى نسبة مئوية لدرجة الموافقة بين الإجابات وذلك بمتوسط حسابي لدرجة الموافقة وقدره 4.15 وانحراف معياري متوسط وقدره 0.892 ونسبة مئوية كلية لدرجة الموافقة وقدرها 83%.

كما نلاحظ الفقرة التي رقمها 1 والتي تنص أنه (تعاني الأقسام في المصرف من تعدد مهامها وتعقد العمليات التي تقوم بها) قد حصلت على أدنى نسبة مئوية لدرجة الموافقة بين الإجابات وذلك بمتوسط حسابي لدرجة الموافقة وقدره 3.45 وبانحراف معياري وقدره 0.932 وبنسبة مئوية كلية لدرجة الموافقة وقدرها 69%.

كما نلاحظ أن الفقرة التي رقمها 5 قد حصلت على أعلى نسبة مئوية من الإجابات تحت درجة الموافقة (موافق تماما) وذلك بواقع 15 إجابة وبنسبة مئوية وقدرها 75% من إجمالي الإجابات في الفقرة المعنية.

كما نلاحظ إن الفقرة التي رقمها 4 قد حصلت على أعلى نسبة من الإجابات تحت درجة الموافقة (موافق) وذلك بواقع 28 إجابة وبنسبة مئوية وقدرها 70% من إجمالي الإجابات في الفقرة المعنية.

كما نلاحظ أن الفقرتين 1و2 قد حصلتا على أعلى نسبة من الإجابات تحت درجة الموافقة (محايد) وذلك بواقع 13 إجابة وبنسبة مئوية وقدرها 32.5% من إجمالي الإجابات في كلا الفقرتين.

كما نلاحظ ان الفقرة ذات الرقم (1) قد حصلت على أعلى نسبة من الإجابات تحت درجة الموافقة (غير موافق) وذلك بواقع 15 إجابة وبنسبة مئوية قدرها 37.5 من إجمالي الإجابات في الفقرة المعنية.

كما نلاحظ أن الفقرة ذات الرقم (1) قد حصلت كذلك على أعلى نسبة من الإجابات تحت درجة الموافقة (غير موافق تماماً) وذلك بواقع 5 إجابات وبنسبة مئوية وقدرها 12.5% من إجمالي الإجابات في الفقرة المعنية.

وبناء على ما سبق تم رفض الفرضية الصفرية وتم قبول الفرضية البديلة التي تنص أنه:

((هناك علاقة ذات دلالة بين بنية المصرف التنظيمية وبين جودة وتنوع الخدمات التي يقدمها)).

الفرضية السادسة:

إن الفرضية السادسة التي يهدف البحث إلى اختبار صحتها تنص:

(إن الأنظمة والقوانين التي تحكم عمل المصرف تساعد على تطوير بنيته التنظيمية) وبالتالي فأن الفرضية الصفرية H0 تنص:

(إن الأنظمة والقوانين التي تحكم عمل المصرف لا تساعد على تطوير بنيته التنظيمية) وقد تم تخصيص المجموعة السادسة من فقرات

الاستبيان والمكونة من خمسة فقرات لاختبار صحة أو عدم صحة هذه الفرضية.

وبعد تفريغ الإجابات وتحليلها تم الحصول على الجدول التالي والذي يظهر المتوسط الحسابي والانحراف المعياري ورقم وترتيب الفقرة والتكرارات والنسب المئوية الكلية لدرجة موافقة أفراد العينة المدروسة على فقرات المجموعة السادسة من الاستبيان.

رقم	مرتبة الفقرة	المتوسط الحسابي	الانحراف المعياري	غير موافق تماماً		غير موافق		محايد		موافق		موافق تماماً		النسب المئوية
1	5	1.775	0.733	16	%40	17	%42.5	7	%17.5	0	%0	0	%0	%35.5
2	1	2.7	0.723	3	%7.5	9	%22.5	25	%62.5	3	%7.5	0	%0	%54
3	4	2.025	0.861	13	%32.5	14	%35	12	%30	1	%2.5	0	%0	%40.5
4	3	2.15	0.975	13	%32.5	11	%27.5	13	%32.5	3	%7.5	0	%0	%43
5	2	2.55	0.985	7	%17.5	11	%27.5	15	%37.5	7	%17.5	0	%0	%51
		2.24	0.3400											%44.8

تظهر النتائج المستخلصة من الجدول أن النسبة المئوية الكلية لدرجة موافقة أفراد العينة المدروسة على أن الأنظمة والقوانين التي تحكم عمل المصرف تساعد على تطوير بنيته التنظيمية قد بلغت **44.8%** وبمتوسط حسابي لدرجة الموافقة قدره **2.24** وبانحراف معياري قدره **0.3400** وبالتالي نرفض الفرضية البديلة ونقبل الفرضية الصفرية التي تنص على

أن الأنظمة والقوانين التي تحكم عمل المصرف لا تساعد على تطوير بنيته التنظيمية.

نلاحظ أن الفقرة ذات الرقم **2** والتي تنص أن (هناك إستراتيجية تطويرية محددة للمصرف التجاري السوري) قد حصلت على أعلى نسبة مئوية كلية لدرجة الموافقة بين الإجابات وذلك بواقع **54%** وبمتوسط حسابي لدرجة الموافقة وقدره **2.7** وانحراف معياري وقدره **0.723** كما نلاحظ أن الفقرة ذات الرقم **1** والتي تنص (إن الأنظمة والقوانين التي تحكم عمل المصرف ليست بحاجة إلى تغيير) قد حصلت على أدنى نسبة مئوية من درجات الموافقة الكلية وذلك بواقع **35.5%** وبمتوسط حسابي لدرجة الموافقة وقدره **1.775** وبانحراف معياري قدره **0.732.**

كما نلاحظ أنه لم تحصل أي فقرة من فقرات المجموعة السادسة من الاستبيان على إجابة تحت درجة الموافقة (موافق بشدة)

ونلاحظ أن الفقرة ذات الرقم **5** قد حصلت على أعلى نسبة مئوية من الإجابات تحت درجة الموافقة (موافق) وذلك بواقع **7** إجابات وبنسبة مئوية وقدرها **17.5%** من إجمالي الإجابات في الفقرة المعنية.

ونلاحظ أن الفقرة ذات الرقم **2** قد حصلت على أعلى نسبة مئوية من الإجابات تحت درجة الموافقة (محايد) وذلك بواقع **25** إجابة وبنسبة مئوية وقدرها **62.5%** من إجمالي الإجابات في الفقرة المعنية.

كما نلاحظ أن الفقرة ذات الرقم **1** قد حصلت على أعلى نسبة مئوية من الإجابات تحت درجة الموافقة (غير موافق) وذلك بواقع **17** إجابة وبنسبة مئوية وقدرها **42.5%** من إجمالي الإجابات في الفقرة المعنية.

كما حصلت الفقرة ذات الرقم (1) على أعلى نسبة مئوية من الإجابات تحت درجة الموافقة (غير موافق تماماً) وذلك بواقع 16 إجابة وبنسبة مئوية وقدرها 40% من إجمالي الإجابات في الفقرة المعنية.

وبناء على ما سبق فقد تم رفض الفرضية البديلة وتم قبول الفرضية الصفرية التي تنص:

(إن الأنظمة والقوانين التي تحكم عمل المصرف لا تساعد على تطوير بنيته التنظيمية).

الفرضية السابعة:

إن الفرضية السابعة والتي يهدف البحث إلى اختبار صحتها تنص:

" إن للإدارة العليا في المصرف أهمية كبيرة في تطوير الواقع التنظيمي"

وبالتالي تكون الفرضية الصفرية H0:

" ليس للإدارة العليا للمصرف أهمية كبيرة في تطوير الواقع التنظيمي"

وقد تم تخصيص المجموعة السابعة من فقرات الاستبيان والمكونة من خمسة فقرات لاختبار صحة أو عدم صحة هذه الفرضية

وبعد تفريغ وتحليل الإجابات تم الحصول على الجدول التالي والذي يظهر المتوسط الحسابي والانحراف المعياري ورقم وترتيب الفقرة والتكرارات والنسب المئوية الكلية لموافقة أفراد العينة على فقرات المجموعة السابعة من الاستبيان.

الرقم	مرتبة الفقرة	المتوسط الحسابي	الانحراف المعياري	غير موافق تماماً		غير موافق		محايد		موافق		موافق تماماً		النسـ المئو
1	3	3.7	1.223	3	7.5 %	3	%7.5	10	%25	11	%27.5	13	%32.5	%74
2	1	4.375	0.667	0	%0	0	%0	4	%10	17	%42.5	19	%47.5	87.5
3	4	3.45	0.904	0	%0	6	%15	15	%37.5	14	%35	5	%12.5	%69
4	4	3.45	0.985	0	%0	8	%20	12	%30	14	%35	6	%15	%69
5	2	3.825	0.843	0	%0	2	%5	12	%30	17	%42.5	9	%22.5	76.5
		3.76	0.3400											75.2

تظهر النتائج المستخلصة من الجدول أن النسبة المئوية الكلية لدرجة موافقة أفراد العينة على أنه للإدارة العليا للمصرف أهمية كبيرة في تطوير الواقع التنظيمي قد بلغت **75.2%** وبمتوسط حسابي لدرجة الموافقة وقدره **3.76** وبانحراف معياري متوسط مقداره **0.3400**

وبالتالي نرفض الفرضية الصفرية **H0** ونقبل الفرضية البديلة **H1** التي تؤكد أن للإدارة العليا للمصرف أهمية كبيرة في تطوير الواقع التنظيمي.

ونلاحظ أن الفقرة التي رقمها (2) والتي تنص على أنه:

(قامت الإدارة العليا الحالية في المصرف بإحداث تغيرات ايجابية في أنظمة وإجراءات العمل وأدخلت تعديلات على الهيكل التنظيمي) قد حصلت على أعلى نسبة مئوية من درجات الموافقة وذلك بمتوسط حسابي لدرجة الموافقة وقدره **4.375** وبانحراف معياري **0.667** وبنسبة مئوية

كلية لدرجة الموافقة وقدرها 87.5% من إجمالي الإجابات في الفقرة المعنية.

كما نلاحظ أن الفقرتين ذواتي الأرقام 3و4 واللتين تنصان على التوالي (تساهم الإدارة في حل النزاعات والتوترات في المصرف عن طريق إلغاء أسبابها) و(أدخلت الإدارة العليا الحالية في المصرف إستراتيجية لإجراء دورات وبرامج تدريبية جديدة) قد حصلتا على أدنى نسبة مئوية لدرجة الموافقة وذلك بمتوسط حسابي لدرجة الموافقة وقدره 3.45 وبانحراف معياري 0.901و0.985 على التوالي وبنسبة مئوية كلية لدرجة الموافقة وقدرها 69% لكلا الفقرتين من إجمالي الإجابات في كل فقرة.

كما نلاحظ أن الفقرة ذات الرقم 2 قد حصلت على أعلى نسبة مئوية من الإجابات تحت درجة الموافقة (موافق تماماً) بواقع 19 إجابة وبنسبة مئوية وقدرها 47.5 % من إجمالي الإجابات في الفقرة المعنية.

كما نلاحظ أن الفقرتين ذواتي الأرقام 2و5 قد حصلتا على أعلى نسبة مئوية من الإجابات تحت درجة الموافقة (موافق) بواقع 17 إجابة وبنسبة مئوية وقدرها 42.5% من إجمالي الإجابات في الفقرتين المعنيتين.

نلاحظ أن الفقرة ذات الرقم 3 قد حصلت على أعلى نسبة مئوية من الإجابات تحت درجة الموافقة (محايد) بواقع 15 إجابة وبنسبة مئوية وقدرها 37.5% من إجمالي الإجابات الكلية في الفقرة المعنية.

كما نلاحظ أن الفقرة ذات الرقم 4 قد حصلت على أعلى نسبة مئوية من الإجابات تحت درجة الموافقة (غير موافق) بواقع 8 إجابات وبنسبة مئوية وقدرها 20% من إجمالي الإجابات الكلية في الفقرة المعنية.

كما نلاحظ أن الفقرة ذات الرقم (1) قد حصلت على أعلى نسبة مئوية من الإجابات تحت درجة الموافقة (غير موافق تماماً) بواقع 3 إجابات وبنسبة مئوية وقدرها 7.5% من إجمالي الإجابات الكلية في الفقرة المعنية.

وبناء على ما سبق فقد تم رفض الفرضية الصفرية وتم قبول الفرضية البديلة التي تنص على:

(إن للإدارة العليا للمصرف أهمية كبيرة في تطوير الواقع التنظيمي للمصرف)

دراسة لبعض جوانب الواقع التنظيمي في المصرف التجاري السوري

يتكون الهيكل التنظيمي للمصرف التجاري السوري من مجلس إدارة مكون من سبعة أعضاء منهم اثنان ممثلان عن العمال كما أن المدير العام للمصرف أو نائب المدير يكون عضواً في مجلس الإدارة وقد يكون هو رئيس مجلس الإدارة.

يوجد في المصرف التجاري السوري إحدى عشرة مديرية وهي:

1. مديرية أمانة السر
2. مديرية الشؤون الإدارية
3. مديرية التسليف
4. مديرية العلاقات الخارجية
5. مديرية الشؤون التقنية
6. مديرية الرقابة الداخلية
7. مديرية الحسابات العامة
8. مديرية التخطيط والتطوير
9. مديرية الشؤون المالية
10. مديرية الشؤون القضائية والقانونية
11. مديرية المخاطر

كما يتبع للمصرف التجاري السوري 62 فرع موزعين في المحافظات السورية

يتبع لفروع المصرف التجاري كوى صرافة موزعة في كافة المحافظات ويبلغ عددها 94 أربعة وتسعين كوى.

وفيما يلي مخطط الهيكل التنظيمي للمصرف التجاري السوري.

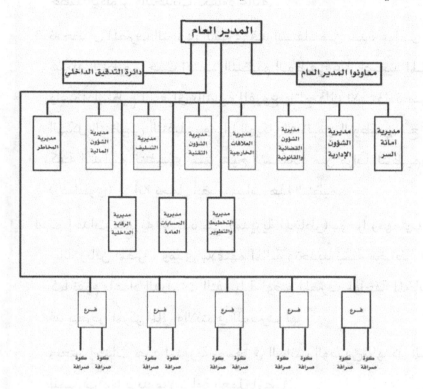

من خلال دراستنا للهيكل التنظيمي للمصرف التجاري السوري يمكن أن نستخلص العديد من النقاط الإيجابية التي يتضمنها البناء التنظيمي للمصرف التجاري السوري:

1. يتمتع المدير العام بأوسع الصلاحيات في إدارة المصرف وهو مسؤول أمام وزير المالية مباشرة، وإن تمتع المدير بالصلاحيات الواسعة هذه يتيح له العمل على تطوير وتحديث العمل في المصرف بشكل مستمر.

2. يقترح المدير العام تعيين المدراء في المديريات والفروع وأمانة السر ويصدر قرار من الوزير المختص بتعيينهم، وهذا يتيح للمدير العام تشكيل فريق عمل متكامل للقيام بالمهام الإدارية والتنظيمية المطلوبة كما يتيح تنفيذ خطط التطوير والتحديث بكفاءة عالية.

3. نلاحظ أن المصرف التجاري السوري قد استفاد من عدة عوامل في بناء هيكله التنظيمي حيث اعتمد التنظيم الوظيفي على صعيد المديريات واعتمد التنظيم الجغرافي بالنسبة للفروع وأتاح ذلك الاستفادة من مزايا الهيكل التنظيمي التنفيذي ومزايا الهيكل التنظيمي الوظيفي مع ترجيح كفة التنظيم التنفيذي مما يتيح الاستفادة من مزايا التنظيم الرأسي (السلطوي) إلا أنه يحمل أيضاً سلبيات هذا التنظيم.

4. تم إحداث مديرية جديدة هي (مديرية المخاطر) مؤخراً ومهمتها دراسة حالة زبائن المصرف ومدى ملاءمتهم المالية وتحديد نسبة مخاطر الائتمان كما تقوم بإعداد الدراسات التفصيلية لوضع المصرف لمواجهة المخاطر التي قد يتعرض المركز المالي والائتماني للمصرف لها.

ويعتبر إحداث هذه المديرية توسعاً في الجانب الوظيفي للهيكل التنظيمي للمصرف مما يزيد من كفاءة العمل المصرفي.

5. تم التوسع في فروع المصرف من خلال إحداث عدد من الفروع الجديدة (مساكن برزة ــ مشروع دمر ــ بانياس) كما تم المباشرة بالعمل في فرعي الميادين والبوكمال عام 2005 كما تم تأسيس فرع جديد في القامشلي، إن زيادة عدد فروع المصرف سيساهم في

6. تقديمه لخدماته على امتداد كافة الأراضي السورية ولأكبر عدد من المتعاملين.

7. تم إعادة تنظيم بعض فروع المصرف حيث تم دمج فرعين متجاورين في فرع واحد (فرع 18 وفرع 3) حيث كان الفرعان يقعان في بناء واحد في منطقة الروضة مما استدعى دمجهما في فرع واحد وذلك بهدف ضبط التكاليف وإعادة تنظيم العمل في الفرع الجديد بكفاءة أعلى.

8. تم إحداث مراكز تسليف وعددها 6 مراكز (دمشق ــ حلب ــ حمص ــ حماة ــ طرطوس ــ دير الزور) وأصبحت هي مسؤولة عن منح الائتمان بدلاً من كون الفروع مسؤولة عن ذلك مما يؤدي إلى تنظيم عملية منح الائتمان وجعلها أكثر كفاءة ويسمح للفروع بالتفرغ للقيام بمهماتها المباشرة الأخرى.

كما يجب أن نشير إلى نقطتين لهما أهمية بالغة في البناء التنظيمي للمصرف التجاري السوري

1. لقد صدر النظام الداخلي الجديد للمصرف التجاري السوري بتاريخ 2007/7/15 وقد كان بمثابة نقلة نوعية في مسيرة المصرف التجاري السوري وقد تضمن تعديلات جوهرية وهامة ستساهم في تطوير وتحديث العمل في المصرف ومواكبته لآخر المستجدات في مجال المصارف.

وقد حدد النظام الداخلي الجديد للمصرف أهداف المصرف ومهامه، كما حدد الهيكل التنظيمي للمصرف في الإدارة المركزية والفروع، كما حدد إجراءات وشروط القيام بالمهام

المختلفة للمصرف كـالتعيين والتـدريب والتأهيـل وتقـويم أداء العاملين وترفيعهم. وحدد حقوق العاملين وواجباتهم كما تضمن المكافآت والعقوبات المطبقة في المصرف واختتم النظام الداخلي بتوصيف للوظائف في المصرف.

2. إن من التوجهات الحديثة للمصرف التجاري السوري تقديم خدمات الصيرفة الإسلامية أسوة بالعديد من المصارف العالمية والإقليمية والتي افتتحت أقساماً لتقديم الخدمات المصرفية الإسلامية.

أما من حيث الأنظمة والإجراءات المتبعة في المصرف التجاري السوري فأن المصرف التجاري السوري هو مؤسسة عريقة حيث مضى على تأسيسه أكثر من أربعة عقود وبما أن العديد من أنظمة المصرف لم تُحدث منذ فترات طويلة وبقيت بعض الإجراءات والأنظمة معمولاً بها منذ تأسيس المصرف فقد اقتضى ذلك من الإدارة الحالية للمصرف وضع خطة شاملة لتطوير الأنظمة والإجراءات المعمول بها في المصرف ومن خلال الدراسة الميدانية لواقع الأنظمة والإجراءات في المصرف تبين أنها شهدت تطورات جوهرية خلال الأربع السنوات السابقة وذلك وفق المحاور الرئيسية التالية:

تبسيط الإجراءات:

قامت الإدارة الحالية للمصرف بمراجعة شاملة للإجراءات المعمول بها في المصرف بكافة فروعه وتم تشكيل لجان عمل تكونت من المدراء في الإدارة المركزية في المصرف وبعض مدراء الفروع كما تم الاستعانة

بخبرات خارجية في سبيل إنجاز مهمة تبسيط الإجراءات حيث تم تـشكيل لجنة لتبسيط الإجراءات مكونة من 4 مدراء وهـم مـدير التخطيط، مـدير فرع 5، مدير فرع 12، وعضو مـن مـشروع الأتمتـة وبرئاسـة نائـب المـدير قامت بمراجعة دورية للعديد من مراحل وخطوات العمل وتـم اختصار العديد من المراحل غـير الـضرورية أو الممكـن الاسـتغناء عنهـا مـن خـلال تطبيق طرائق عمل أكثر فعالية وكمثال عملي على تبسيط بعض الإجراءات تـم تبسيط عـدد خطـوات صرف الـشيك في أي فـرع مـن فروع المـصرف التجاري من ستة خطوات إلى خطوتين.

حيث كان سابقاً يتوجب على المتعامل المرور بست مراحل:

1. استلام الشيك.
2. تدقيق التوقيع.
3. التأكد من وجود رصيد.
4. إعداد إشعار.
5. توقيع رئيس الدائرة أو مدير الحسابات الجارية.
6. الصندوق.

وبعد التطوير الحاصل في إجراءات المـصرف أصبحت العمليـة تقتصر على مرحلتين:

1. موظف.
2. أمين الصندوق.

ولم يتم التوقف عند هـذه الخطـوة بـل تـم خـلال عـام 2007 تأهيـل وتدريب عدد من الموظفين في فروع المصرف ليقوموا بمهام أمناء الصندوق

حيث يكون بمقدورهم بالإضافة إلى مهامهم الأساسية قبض أو دفع مبالغ معينة عادة تكون محددة ما بين **500000** ل.س إلى **1000000** ل.س وتم تخصيص كل فرع بما يتراوح ما بين **3-10** أمناء صندوق إضافيين وذلك بحسب مساحة الفرع. إن القيام بهذه الخطوة قد أدى إلى اختصار **80%** من الوقت اللازم لخدمة المتعاملين.

أتمتة العمل:

تم البدء بمشروع الأتمتة في المصرف في عام **2004** وذلك بالاستعانة بشركة عالمية متخصصة في مجال أتمتة العمل المصرفي وما زال المشروع في طور تتمة الإنجاز إلا أنه قد حقق خطوات كبيرة في مجال أتمتة العمل المصرفي فقد تم ربط الفروع مع بعضها بواسطة برنامج **inter branching** وقد أتاح هذا النظام إمكانية السحب والإيداع للمتعاملين من أي فرع من فروع المصرف التجاري بينما سابقاً كان لا يمكن السحب أو الإيداع إلا من الفرع الذي يوجد للعميل فيه حساب، وكان هذا الأمر سابقاً يدفع بعض المتعاملين إلى فتح أكثر من حساب في عدد من فروع المصرف التجاري السوري ولم يعد هناك حاجة لهذا الشيء مع تطبيق نظام الأتمتة المعمول به حالياً، بل وأصبح وبموجب تعليمات المصرف المركزي يمنع فتح أكثر من حساب لنفس المتعامل في جميع فروع المصرف التجاري السوري.

إن نظام الأتمتة الحالي أتاح إمكانية إجراء الحوالات الفورية بين فروع المصرف مباشرة وقدم المصرف التجاري السوري هذه الخدمة لعملائه مقابل عمولة رمزية.

إن اعتماد نظام الأتمتة كان له دورٌ كبير في تبسيط الإجراءات واختصار الوقت اللازم لأداء الأعمال فسابقاً كانت جميع المستندات ورقية وكان الموظف بحاجة للرجوع للمستندات الورقية للتأكد من صحة انجاز العمل وحالياً وبأتمتة كافة البيانات المتعلقة بالمصرف أصبح العمل يتم من خلال شاشات الكمبيوتر وتم تقليص استخدام المستندات الورقية بنسبة عالية. وأصبحت البيانات الضرورية لإنجاز العمل في متناول كافة الموظفين في نفس الوقت مما أتاح إمكانية عالية لتنسيق العمل وإعطاء الإدارة إمكانية ممارسة الرقابة الفورية والفعالة.

تحديث الإجراءات والنظم:

تم إصدار النظام الداخلي الجديد للمصرف التجاري السوري كما تمت الإشارة إليه سابقاً كما تم إصدار نظام العمليات الجديد للمصرف التجاري وقد تم إعداد النظامين بعد عمل تقويمي شامل قامت به لجان مختصة تم تشكيلها لهذه الغاية، وقد استمر عمل هذه اللجان 6 أشهر قامت خلالها بوضع اقتراحات لتعديل الهيكل التنظيمي للمصرف وتم إعادة توصيف الوظائف وتم مراجعة خطوات سير العمل (إجراءات العمل) وتم وضع مقترحات جديدة لتبسيط وزيادة فعالية إنجاز الأعمال المختلفة وكان لتطبيق الأتمتة وإدخال التقنيات الحديثة دورٌ كبير في نشوء الحاجة إلى إعادة دراسة وتقييم إجراءات ونظم العمل المتبعة حيث أصبح عدد منها غير متناسباً مع الواقع الجديد الذي نشأ بعد أتمتة الجزء الأكبر من عمل المصرف.

تنظيم عملية استقبال المتعاملين:

وتم ذلك من خلال إدخال نظام الدور وهو نظام مكون من شاشات مؤتمتة توضع في أماكن انتظار العملاء يظهر عليها رقم المتعامل ورقم الموظف المتوجب التوجه إليه، حيث يقوم موظف الاستقبال في فرع المصرف بالاستفسار عن الخدمة التي يود العميل الحصول عليها وبموجب نوع الخدمة يقوم بإعطائه إشعار رقم متسلسل.

وقد أدت هذه الخدمة إلى تنظيم استقبال المتعاملين وتأمين راحتهم بدلاً من انتظارهم في طوابير.

وقد قام موظفو المصرف ببرمجة نظام الدور بأنفسهم دون الاستعانة بخبرات خارجية وتم الاستعانة بالشاشات المنسقة في المصرف مما أدى إلى وفر كبير. وقد قام المصرف التجاري السوري بمبادرة اتجاه المصارف والمؤسسات العامة الأخرى باقتراح تعميم تجربته في نظام الدور خدمة منه للاقتصاد الوطني وتعميماً لهذه التجربة الناجحة.

المهارات الإدارية والتنظيمية

ومن جهة تطوير المهارات الإدارية والتنظيمية لدى موظفي المصرف التجاري السوري فإن المصرف التجاري السوري بوصفه أحد أعرق المصارف السورية يضم عدداً كبيراً من الموظفين المؤهلين وذوي الكفاءة العالية في مجال العمل المصرفي إلا أن التطورات الكبيرة الحاصلة في نظم وإجراءات وتقنيات العمل اقتضت القيام ببرامج تدريبية جديدة لبعض الموظفين.

ونذكر بالأخص إن اعتماد نظام وجود موظفين في فروع المصرف يقومون بالإضافة إلى مهامهم بمهام أمناء الصندوق استدعى إتباع الموظفين المنتقين لهذه الغاية دورات خاصة كانت ذات نتيجة ممتازة (دورات Teller = أمين الصندوق).

كما أن المصرف يقوم بشكل دائم بإجراء دورات تقوية في اللغة الإنكليزية ومهارات الحاسب ويتم التركيز في دورات اللغة الإنكليزية على الموظفين في قسم العلاقات العامة والموظفين الذين تقتضي طبيعة أعمالهم التعامل بالقطع الأجنبي.

وحيث أن المصرف يمتلك في فرع الحريقة مركزاً تدريبياً متكاملاً يقدم خدمات التدريب للموظفين من جميع فروع المصرف ويحتوي مركز التدريب على صالة مجهزة بأجهزة الحاسب ويتضمن غرف منامة للموظفين القادمين من الفروع في المحافظات الأخرى. وبذلك فإن المصرف التجاري السوري اعتمد سياسة التدريب الداخلي لموظفيه.

إن إدخال نظام الأتمتة إلى المصرف أدى إلى عملية إعادة تدريب الموظفين على كيفية القيام بأعمالهم بشكل مؤتمت وقامت الشركة المختصة بأتمتة عمل المصرف بإرسال خبراء لتدريب موظفي المصرف في أماكن عملهم.

ونستنتج مما سبق إن إدارة المصرف تولي أهمية كبيرة لعملية التدريب والتأهيل المستمر لموظفي المصرف ويتم التركيز على التدريب الداخلي حيث يقوم بالتدريب خبراء يتم استقدامهم من خارج المصرف وفي مراحل لاحقة يتولى موظفو المصرف الذين اكتسبوا الخبرات الضرورية القيام بعمليات التدريب للموظفين الآخرين.

كما إن إدارة المصرف التجاري السوري عملت على وضع سياسة يعتبر المصرف التجاري السوري نفسه بموجبها في وضع تنافسي مع باقي المصارف وخاصة المصارف الخاصة العاملة في السوق السوري وذلك من حيث تنوع وجودة الخدمات المصرفية المقدمة للعملاء وانعكس ذلك على البيئة التنظيمية للمصرف حيث حفزت العقلية الجديدة تطوير وسائل عمل وخدمات مصرفية جديدة وتحسين طريقة التعامل بين موظفي المصرف والعملاء حيث أصبحت الأولوية هي لخدمة الزبائن وإنجاز المعاملات الخاصة بهم بأسرع وقت وبأعلى جودة.

إن إدارة المصرف ركزت في توجيهاتها أثناء القيام بعمليات التحديث والتطوير المذكورة على إنجاز الأعمال بروح فريق العمل وكان لهذا التوجه تأثير كبير في نقل العمل نقلة نوعية باتجاه تحسين التنسيق والتعاون بين الأقسام والفروع المختلفة وبين الموظفين داخل كل قسم أو فرع وباتجاه خلق ثقافة تنظيمية جديدة.

كما أنه وعند إجراء الدراسات المتعلقة بخطط تحديث جوانب العمل المختلفة في المصرف تم تشجيع المستويات الإدارية المتوسطة والدنيا على تقديم الاقتراحات إلى اللجان المختصة وقامت الإدارة بتبني عدد من هذه الاقتراحات وذلك بعد عرضها على الجهات الوصائية.

نتائج البحث

1. بينت الدراسة ضرورة اعتماد إستراتيجية محددة للتطوير التنظيمي وتشكيل قسم لمتابعة جهود التطوير التنظيمي ضمن البنية التنظيمية للمصرف التجاري السوري لما للتطوير التنظيمي من أهمية كبيرة على تحسين كفاءة العمل المصرفي.

2. اعتماد مدخل الإدارة الإستراتيجية عند تناول قضايا التطوير التنظيمي حيث يجب أن ينظر لعملية التطوير التنظيمي بكونها عملية مستمرة ومتكاملة، يتم إخضاعها دورياً لإعادة التقييم من خلال التغذية العكسية وتعديل مسارها وتقويمها بشكل مستمر بما يتناسب مع الظروف والمستجدات في البيئتين الداخلية والخارجية للمصرف.

3. من المفيد إعادة النظر في معايير تقييم أداء الفعاليات التنظيمية في المصرف بإتجاه التركيز أكثر على تطوير الرضا الوظيفي وخلق ثقافة تنظيمية جديدة ترتكز على العمل الجماعي والمسؤولية الجماعية عن النتائج مع تشجيع روح المبادرة والابتكار وعمل الفريق.

4. جعل جهود العاملين في المصرف منصبة باتجاه تأمين خدمات ذات جودة أعلى للزبائن أي تكريس ثقافة خدمة الزبون.

5. العمل الدائم على تقييم الأنظمة والإجراءات المتبعة في المصرف بهدف تبسيطها ومتابعة أحدث التطورات في مجال التقنيات المصرفية والمسارعة إلى تطبيقها.

6. الانتقال من مرحلة التدريب المنصب على تقنيات العمل المصرفي (كمبيوتر - لغات) باتجاه إدخال مجالات جديدة من التدريب تهدف

لخدمة جهود التطوير التنظيمي وذلك بالاستفادة من عدد من التقنيات: كدراسة الحالة وتحليل المواقف والمباريات الإدارية وغير ذلك...

7. بينت الدراسة ضرورة دمج الإستراتيجية التطويرية للمصرف التجاري السوري بالعمل اليومي للمصرف وذلك من خلال إعلان رسالة المصرف التجاري السوري وقيمه وما هي الرؤية المستقبلية للمصرف وما هي الإستراتيجية التي سيسلكها المصرف لتحقيق الرؤية وتحديد الأهداف العامة للمصرف التجاري السوري وتقسيمها لأهداف فرعية لكل قسم وتكريس المفاهيم السابقة في الثقافة التنظيمية للمصرف وجعلها منطلقاً لأي جهد تطويري في المصرف.

8. إن البناء التنظيمي للمصرف التجاري السوري يتميز بالميل إلى المركزية ضمن الإدارة العامة والمديريات والفروع، حيث أن إعطاء أوسع الصلاحيات للمدير العام ولمدراء المديريات ولمدراء الفروع يقلص من اللامركزية الإدارية في المصرف التجاري السوري وفروعه مما يستتبع وضع خطط طويلة الأمد لإضفاء المزيد من اللامركزية ضمن الهيكل التنظيمي للمصرف التجاري السوري ومنح مزيد من الصلاحيات للمستويات الإدارية المتوسطة والتنفيذية.

9. يجب وضع معايير دقيقة للمواءمة بين المواصفات الإدارية والتنظيمية المطلوبة في الأشخاص الذين يشغلون المناصب الإدارية العليا، وبين الاعتبارات الوطنية الأخرى حيث إن عدم تحديد هذه المعايير بدقة قد يساهم في إضعاف الروح المعنوية لدى العاملين في المصرف من خلال تكريس فكرة أن عوامل أخرى غير عوامل الكفاءة الوظيفية هي التي تحدد من سيشغل المناصب الإدارية العليا في المصرف.

التوصيات

وفي ختام هذا البحث قد يكون من المناسب تقديم بعض التوصيات التي يمكن أن تساهم في تطوير العمل في المصرف التجاري السوري

1. تخصيص مديرية مستقلة لمتابعة قضايا الفروع حيث تتبع الفروع في المصرف التجاري السوري مباشرة للمدير العام مما يزيد الأعباء الإدارية على المدير العام. علماً أن الغالبية العظمى من المصارف الكبيرة تحدث مديرية مستقلة لمتابعة قضايا الفروع.

2. السير قدماً في تقديم خدمات مصرفية إسلامية وهذا قد يتطلب بعض التغييرات في الهيكل التنظيمي للمصرف حيث نلاحظ في المصارف الإسلامية اختلافين جوهريين عن المصارف التجارية العادية:

- وجود قطاعات جديدة في الهيكل التنظيمي ناشئة عن الصفة الإسلامية للمصارف مثل (هيئة الرقابة الشرعية ــ إدارة الزكاة).

- إعطاء ثقل كبير لإدارة الاستثمار حيث يقع على هذه الإدارة العبء الأكبر لاستثمار أموال المودعين المشاركين في الربح والأموال الذاتية للبنك لتحقيق أرباح وعوائد للمودعين والبنك.

3. التوسع في إنشاء فروع جديدة للمصرف وخاصة في مناطق الضواحي الجديدة وفي مناطق التجمعات الريفية وقد تمت الإشارة إلى عدد من الضواحي في محيط مدينة دمشق من خلال إجابات الاستبيان كمناطق مقترحة لإنشاء فروع للمصرف التجاري ومن هذه المناطق وحسب درجة تكرارها: جرمانا – قدسيا – المعضمية – قطنا – أشرفية صحنايا.

4. إحداث قسم خاص للتسويق المصرفي حيث هناك شعبة للتسويق تتبع دائرة الإعلام والتسويق التابعة لمديرية أمانة السر ونظراً لازدياد أهمية التسويق المصرفي فمن المستحسن إنشاء مديرية متخصصة بالتسويق المصرفي، حيث إن تولي المدير العام أو مجلس الإدارة صياغة ومتابعة الخطط التسويقية للمصرف سيحملهم أعباء إضافية ولتحقيق احترافية وجودة أعلى في العمل التسويقي نقترح إنشاء مديرية متخصصة في قضايا التسويق المصرفي.

5. استمرار الاهتمام بمديرية الشؤون التقنية حيث لوحظ أنها من أكثر المديريات من حيث عدد الدوائر والشعب في المصرف ويعود ذلك إلى تنوع العمليات التي تقوم بها. ويجب أن يتزايد الاهتمام بهذه المديرية بشكل أكثر نظراً لما للناحية التقنية من أهمية كبيرة على عمل المصرف.

6. إلغاء بعض مظاهر الازدواجية في عمل المصرف حيث نلاحظ وجود شعبة للإحصاء والبيانات ضمن دائرة العلاقات الخارجية علماً أن مديرية التخطيط هي المسؤولة عن إعداد الإحصاءات وجمع البيانات حيث يفترض في حالة وجود تنسيق جيد بين المديريات أن تحصل مديرية التخطيط على كافة البيانات التي تحتاجها من مديرية العلاقات الخارجية لتقوم بدورها بمعالجة هذه البيانات وإعداد الإحصاءات اللازمة لعمل المصرف.

7. التوسع في تطبيق التقنيات الحديثة والتي من الممكن أن يؤدي تطبيقها إلى تطوير كبير لعمل المصرف وقد اقترحت العينة

المستجوبة التوسع في تطبيق بطاقات الدفع الإلكتروني بمختلف أنواعها وزيادة كمية ونوعية الصرافات الآلية وتقديم الخدمات المصرفية من خلال شبكة الإنترنت.

8. تقديم لباس مناسب لطبيعة العمل المصرفي إلى العاملين وبالأخص الموجودين في تعامل مباشر مع زبائن المصرف وقد أصبح هذا من بديهيات العمل المصرفي حيث يعطي لباس العاملين في المصرف فكرة عن تقاليد وثقافة المنظمة.

9. إحداث فروع للمصرف خارج سوريا وقد أصبح هذا الأمر ذا أهمية بالغة وخاصة بالنسبة إلى إنشاء فروع في بعض الدول العربية الشقيقة التي ترتبط بعلاقات اقتصادية نشطة مع سوريا ويوجد بها جالية من السورين يحتاجون إلى خدمات التحويل من وإلى سوريا وباعتقادنا يجب إجراء المزيد من الدراسات الجادة لتطبيق هذه الخطوة مستقبلاً.

Organizational Development and its influence on banks

Abstract

This research focuses on the functions of organizing and its development in banks measured by organizational development (OD)[1] which is an important access to understanding the domains of comprehensive administrative development and advancement. This study includes two parts: theoretical and practical.

In the beginning of the first chapter of the theoretical part, I will explain the concepts of organizing and organizational development, and the many opinions and different approaches that scientists depended on when defining these two concepts.

There is a need for organizational development due to the existence of some organizational backwardness cases in organizations. This demands assigning the causes and aspects of organizational backwardness in addition to assigning some possible ways of dealing with its causes and treating them.

In order to explain the organizational development concept, I will study the available

---

OD: organizational Development [1]

means and strategies of management for the sake of using them in this domain. (I will also discuss the aims which organizational development seeks to achieve).

In the second chapter of the theoretical part, I will concentrate on the organizational development needs, and the possible ways in which we can use them to apply OD to focus on the importance of developing the organizational structure.

In the third chapter of the theoretical part, I will study the mechanism of how to apply the organizational development in banks in as well as how to measure the level of bank productivity and how to evaluate it. Then I will specify the administrative sections that have to perform the OD's task.

In the practical part, I will apply the ideas of my theoretical research on the commercial bank of Syria (CBS) by studying its organizational structure, its regulations, procedures and the organizational administrative skills of its officials. The fieldwork will be performed by means of real visits to the central management of the CBS and to some of its branches. Also, I will distribute questionnaires to bank officials, and conducting personal interviews with some section managers of bank.

In conclusion, I will present the results of my research and some suggestions. This research

includes a list of Arabic and English references as well as the abstract in English.

قائمة المراجع

الكتب:

1. أبو النصر/مدحت، (قواعد ومراحل البحث العلمي)، مجموعة النيل العربية، القاهرة، 2004.
2. بسيوني/ اسماعيل، د. العزاز/ عبد الله بن سليمان، (طرق البحث في الإدارة: مدخل بناء المهارات البحثية)، جامعة الملك سعود ــ الرياض، 1998.
3. أبو نبعة / عبد العزيز، (المفاهيم الإدارية الحديثة)، ط1، دار مجدلاوي، عمان، 2001.
4. الجيوسي / محمد رسلان، شاهين / هشام عبد الكريم، (إدارة الأعمال باللغة الإنجليزية)، دار البركة، ط1، عمان، 2001،.
5. الحج عارف/ ديالا، (الإصلاح الإداري)، دار الرضا، ط1، دمشق، 2003.
6. حمور/ ميرغني عبد العال، (التطوير التنظيمي والخصوصية العربية)، المنظمة العربية للعلوم الإدارية، عمان، 1987.
7. حنفي / عبد الغفار، (السلوك التنظيمي وإدارة الأفراد)، الدار الجامعية، بيروت، 1990.
8. حنفي / علي عبد الغفار، أبو قحف / عبد السلام، (تنظيم وإدارة الأعمال)، الدار الجامعية، بيروت، 1992.
9. حنفي / علي عبد الفغار، الصحن / فريد، (التنظيم والإدارة)، الدار الجامعية، بيروت، 1992.
10. الخضر / علي ابراهيم، (المدخل إلى إدارة الأعمال)، منشورات جامعة دمشق، ط1، 1996.
11. الخضر / علي / حرب / بيان، (إدارة المشروعات الصغيرة والمتوسطة)، منشورات جامعة دمشق ــ 2005.
12. خليل / سامي (النقود والمصارف)، شركة كاظمة للنشر، الكويت، 1992.
13. الزبيدي / حمزة محمود (إدارة المصارف ــ استراتيجية تعبئة الودائع وتقديم الائتمان) مؤسسة الوراق ــ عمان، 2004.
14. زويلف / مهدي حسن، (إدارة الأفراد مدخل كمي)، دار مجدلاوي ــ عمان، 1998.
15. اللوزي/سليمان أحمد، زويلف / مهدي حسن، الطراونة/ مدحت ابراهيم ، (إدارة البنوك)، دار الفكر ــ عمان، 1997.
16. زويلف / مهدي حسن، العضايلة / علي، (إدارة المنظمة ــ نظريات وسلوك)، دار مجدلاوي ــ عمان، 1996.
17. زويلف / مهدي حسن، اللوزي / سلمان أحمد، (التنمية الإدارية والدول النامية)، دار مجدلاوي، عمان، 1993.
18. سبنسر / ليل، ت: عثمان شمس الدين، (هندرة الموارد البشرية)، دار شعاع، القاهرة، 2000.
19. شتا / سيد علي، (الفساد الإداري)، دار شعاع، القاهرة، 1991.
20. سلطان /محمد سعيد أنور، (إدارة البنوك)، دار الجامعة الجديدة، الاسكندرية ــ 2005.
21. السلمي / علي، (تطوير أداء وتجديد المنظمات)، دار قباء، 1998.
22. السنتير / صالح، (دراسات تطبيقية وعملية في المصارف) معهد الدراسات المصرفية، عمان، 1994.
23. الشراح / رمضان /البنوك المتخصصة/ الكويت، مكتبة الفلاح، 1998.
24. الشمري / ناظم، (والمصارف)، وزارة التعليم العالي، الموصل، 1998.
25. الصرن / رعد، (صناعة التنمية الإدارية)، دار الرضا،دمشق، 2002 م.

26. عبد اللطيف / عبد اللطيف، (العلوم السلوكية في التطبيق الإداري)، منشورات جامعة دمشق، ط1/ 1998.
27. عبد الوهاب / علي محمد، (التدريب والتطوير، مدخل علمي لفعالية الأفراد والمنظمات)، معهد الإدارة العامة، الرياض، 1991.
28. عساف / محمود، (إدارة المنشآت المالية)، مكتبة عين شمس، القاهرة، 1998.
29. عصفور/ محمد شاكر، (أصول التنظيم والأساليب)، دار السيرة، عمان، 2007.
30. القريوتي / محمد قاسم، (السلوك التنظيمي)، دار الشرق، عمان، 1993.
31. القطامني / أحمد، (الإدارة الاستراتيجية ــ مفاهيم وحالات تطبيقية) دار مجدلاوي، عمان، 2002.
32. كار/ كلاي، ألبرت / ماري، (من أكبر الأخطاء التي يقع المديرون فيها وكيفية تجنبها)، جرير، الرياض، 1999.
33. كوبر/ ميلان، ت. د . القريوي / محمد قاسم، إبراهيم / عبد الجبار، (إدارة مؤسسات التنمية الإدارية)، المنظمة العربية للعلوم الإدارية، عدد 289، عمان، 1985.
34. الكويتي / محمد عيسى، (الإصلاح الإداري في البحرين)، مؤسسة الأيام البحرينية،2005.
35. الموسوي / سنان، (الإدارة المعاصرة، الأصول والتطبيقات)، دار مجدلاوي، عمان، 2004.
36. النجار / محمد عدنان، (إدارة الموارد البشرية والسلوك التنظيمي)، منشورات جامعة دمشق، 1997.
37. النجار / محمد عدنان، (الأسس العلمية لنظرية التنظيم والإدارة)، دمشق، 1990.
38. هندي / منير صالح، (إدارة البنوك التجارية)، المكتب العربي الحديث، الاسكندرية، 1992.
39. الهواري / السيد، (أساسيات إدارة البنوك)، مكتبة عين شمس، القاهرة، 1991.
40. جودة / محفوظ، (التحليل الإحصائي المتقدم باستخدام SPSS)، دار وائل، عمان، 2008.
41. ابراهيم العواجي، (واقع الإدارة العامة في المملكة العربية السعودية وأثره على التنمية)، معهد الإدارة العامة، الرياض، ص55، 1995.
42. ابراهيم درويش، (التنمية الإدارية)، دار النهضة العربية، القاهرة، 1997، ص64-66.
43. - زكي راتب غوشة، (أخلاقيات الوظيفة في الإدارة العامة)، مطابع التوفيق، عمان، 1993، ص156.

المجلات:

45- مجلة جامعة دمشق للعلوم الاقتصادية والقانونية ـ المجلد 20 ـ العدد الأول، 2004.
46- المجلة العربية للعلوم الإدارية/ مجلس النشر العلمي ــ جامعة الكويت/ مجلد ثامن، العدد الثاني مايو 2001، مجلد حادي عشر، العدد الأول ينار 2004
47- مجلة العالم، العدد 215، 1996، العمري (الهندرة عصر جديد في إدارة الأعمال).

-Mattew, Jones, international Encyclopedia of Business and management 2006
Hackman.J, , A New strategy for job Enrichment, California Management Review, P57, 1995
Walton.R, (Quality of working life), sloan Management Review, P636, 1983

Jagger.A.M, organizational Development and national culture, Academy of
management Review, P178, 1995

Harward Business Review, May – June 2000

الدراسات السابقة:

- دراسة هيكلية للمصرف التجاري السوري وإمكانية وجود مصارف خاصة. رسالة ماجستير، إعداد: هادي محمد أحمد، إشراف د. فادي الخليل. د. رضوان العماد 2001-2002 جامعة تشرين كلية الاقتصاد.

- المصرف التجاري السوري فرع السويداء، رسالة ماجستير إعداد وائل الشمندي.

- التقرير السنوي للمصرف التجاري السوري للأعوام 2001، 2002، 2003، 2004، 2005، 2006، 2007.

- الشيخ طاهر / عوف عبد الرحمن، (الضغوط التنظيمية وعلاقاتها بالتوافق النفسي للموظفين)، رسالة دكتوراة ــ جامعة بغداد، 1996.

- كاظم /إلهام شاهين، (تحليل محددات ضغوط العمل وأثره في الأداء)، رسالة ماجستير ــ الجامعة المستنصرية، بغداد، 1995.

الدراسات الإحصائية:

جودة / محفوظ، (التحليل الإحصائي باستخدام **SPSS**)، دار وائل، عمان، 2007.

جودة / محفوظ، (التحليل الإحصائي المتقدم باستخدام **SPSS**)، دار وائل، عمان، 2007.

غدير/ باسم، (العالم الرقمي وآلية تحليل البيانات **SPSS**)، دار الرضا، دمشق، 2003.

المراجع الأجنبية:

1-Dracker, Peter (The management by objectives), Mac Millan, New York, 1990, P17.

2-Gibson, organization: Behavior, structure, process, Dallas, Business Publication 1996

3-Burke.W, (organization Development), Addison Wesley, New York, 1997.

4-Lorish, introduction to the structural Behavior, Prentice Hall, N.Y. 1995, P5

5-Harvey, Brown, An Experimental Approach to organization development, Prentice Hall,N.Y,1996,P6.

6-Laurent, (Managerial subordinancy), American Academy of management,1987, P220.

7-Alper S.W, (The Dilema of lower level management), American Academy of Management, 1990.

8-Harry. Albertson. (Neurotic organizations). West Publishing company, New York, 1994. p338 – 348

(HARFEY, Albertson, organizational behavior, 2003)

9-Pasmore.W, Friedlander, An Action Research, New York, ASQ, 1992, P343

10-Hackman.J, , A New strategy for job Enrichment, California Management Review, P57, 1995

11-Walton.R, (Quality of working life), sloan Management Review, P636, 1983

12-Dunphy.D.C, stace P.A, Transformation and coercive stratiges for O.D, 1995, P 317

13-Fried Lander, Brown L.D organizational Development, London, 1994, P313,

14-French, Wendell, (organizational Development), Boston, 1993

15-Mudman, (Managing Organization: change and Development Don warrick, Science Research Association), 1994, P10

16-SCHEIN.V.E, organizational Realities, training and development journal P39, 1995

17-Senge.P, The leaders new work: building learning organizations, DoubLeday/Currency, New York, 1990.

18-Wentling.tim, planning for Effective training F.A.O. food and Agriculture organization of the United Nations Rome, 1993, P99

19-(Michael, Stephen organizational Management, 1989, Educational Publishers, New York)

20-(Hill, Roy Japanese Fibres Firm Restructures to Restore Profrts international Management, 1989, P41-45)

21- (Gobraith, Jay R: Organization Design, California Addison-Wesleyco 1987)

22-Kamensky.J,(Program performance Measures), 1993, P398

23-Wisniewski, Milk and stewart, Derek, using the statutory audit to support continues improvement, 2001, P540

24-Pfifner.J, Presthus R Public Administration, New York, Ronaold press, 1988, p4-5.

25- (Victor Lazzaro, systems and procedures, Englwoodcliffs, Prentice-Hall, 1985, P 5-6)

26-(**Thomas Kingdom**, Improvement of organization and management, Brussels, P 55-56, 1989)

27-kuriloff (organaizational Development for survival) 1990.

28-HARFEY , Albertson , (organizational behavior) , 2003.

الفهرس

277

279

Printed in the United States
By Bookmasters